सुखी आत्मा, स्वस्थ शरीर

तनाव, मोटापा एवम् दवाओं
का बोझ घटाएँ।

सिरीज़ - मस्त रहें, स्वस्थ रहें

उत्तम सुशांत

ISBN

Hardcase 979-8-89961-270-1
Paperback 979-8-89744-857-9

संशोधित एवं परिवर्द्धित।(निःशुल्क एक माह व्हाट्सएप ग्रुप सपोर्ट के लिए पुस्तक खरीदने के बाद सम्बंधित स्क्रीनशॉट 9431013500 पर व्हाट्सएप करें।)

इस संसार में आपकी आत्मा के अतिरिक्त आपका कोई शिक्षक नहीं है।

– स्वामी विवेकानंद

"हमारे अंदर स्थित प्राकृतिक शक्तियाँ हमारे बीमारियों की सच्ची आरोग्य-साधक होती हैं।"

– हिप्पोक्रेट्स

समर्पण

कोई भी कार्य करते समय उनका मैं ध्यान करता हूँ।
जो हर पल मेरा पथ प्रदर्शन करते हैं।
उन्होंने अधर्म पर विजय हेतु धर्म का साथ दिया।
हमारे ऐसे इष्ट देव कर्मयोगी भगवान श्री कृष्ण के चरण कमलों में
समर्पित।

अंतर्वस्तु

अध्याय 1

तत्काल लाभ हेतु चेतन मन शांत और प्रफुल्लित करने के छह अभ्यास

अध्याय 2

अवचेतन मन का कचड़ा साफ करने की दस विधियाँ

अध्याय 3

चमत्कारी भूत से उत्कृष्ट सेवा लें

अध्याय 4

प्रफुल्लित मन के अन्य महत्वपूर्ण स्तम्भ

अध्याय 5
अच्छा स्वास्थ्य

COPYRIGHT & DISCLAIMER

COPYRIGHT: लेखक उत्तम कुमार उर्फ उत्तम सुशांत द्वारा सर्वाधिकार सुरक्षित। इस पुस्तक के किसी भाग को बिना लेखक की लिखित अनुमति के किसी भी तरीके से कॉपी या फोटोकॉपी करना वर्जित है।

डिस्क्लेमर: इसमें दिए गए विचार लेखक और उनके मित्रों के अनुभव पर आधारित हैं। पाठक इनका उपयोग/प्रयोग अपने विवेकानुसार करें। अनेक व्यक्तियों ने पुस्तक/लेखक के बारे में अपने विचार प्रकट किए हैं। ये उनके व्यक्तिगत विचार हैं। लेखक या प्रकाशक उन विचारों से सहमति या मतभेद नहीं रखते हैं। लेखक या प्रकाशक उपर्युक्त विषयों में किसी तरह की जिम्मेदारी नहीं लेते हैं।

उपयोगकर्ताओं द्वारा "सुखी आत्मा, स्वस्थ शरीर" की प्रशंसायें

(1) मैं विगत एक वर्ष से अवसादग्रस्त था और मानसिक रूप से परेशान रहता था। कई बार नौकरी छोड़ने तक का ख्याल मेरे मन में आया। एक दिन इन बातों की चर्चा मैंने अपने निकटतम सहयोगी श्री उत्तम सर से की, उन्होंने मुझे अपने घर बुलाया और बातों-बातों में कुछ साधारण-सी दिखने वाली विधियाँ बताई-

1. डायफ्राम श्वसन
2. श्रेष्ठ एवं शक्तिशाली विचारों को दोहराना
3. खुद हँसना और दूसरों को हँसाना
4. इष्ट मित्रों को कारण बताते हुए धन्यवाद बोलना
5. अपने जीवन में घटित अच्छे पलों को याद करना
6. तटस्थ दर्शक बनकर भूतकाल की भावनात्मक त्रासदियों को शक्तिहीन करना
7. अच्छी घटनाओं की कल्पना करना
8. मन को नकारात्मक विचारों से मुक्त कर सकारात्मक विचारों एवं भावों से भरना
9. अपनी गलतियों के लिए क्षमा माँगना
10. हँसी के साथ खीझ को मिटा देना

उपर्युक्त को मैंने अपने जीवन में अपनाया। मैं अपने आप को तनाव से दूर पाता हूँ।

उत्तम सर ने मुझे बताया कि वे इस विषय पर पुस्तक लिख रहे हैं। उन्होंने मुझे पांडुलिपि पढ़ने हेतु दी।

पांडुलिपि पढ़ने के दौरान मेरे आश्चर्य का ठिकाना नहीं रहा; क्योंकि इसमें वे सारी बातें हैं जो उन्होंने मुझे बताई थी, जिन्हें अपनाकर मैंने लाभ उठाया है।

पांडुलिपि में अन्य अच्छी बातें भी हैं। इसकी भाषा सरल है। सभी सुझाव तर्क एवं वैज्ञानिकता पर आधारित हैं। इन्हें अपनाने से पाठकों को निश्चित रूप से लाभ होगा।

शुभकामनाओं के साथ।

राजेशकुमार

सिद्धिविनायकपुरम, मिठनपुरलाला, मुज़फ़्फ़रपुर।

(2) अद्भुत ! यह पुस्तक अत्यंत सरल शब्दों में गूढ़ तथ्यों का संकलन हैं। पुस्तक अनुभव एवं विभिन्न स्रोतों से प्राप्त जानकारियों का साझा मिश्रण जान पड़ता है जिसे लेखक ने वैज्ञानिक तरीके से भिन्न-भिन्न खंडों में संजोया है।

मैं विगत एक वर्ष से डिप्रेशन का मरीज हूँ। नकारात्मक विचार जीवन में घर कर चुके हैं। कई डॉक्टरों के संपर्क में रहने के बावजूद व्यापक सुधार नहीं हुआ। जीवन जीने की इच्छा का ह्रास होने लगा।

इस पुस्तक के लेखक श्री उत्तम सर से मेरा पुराना व्यक्तिगत संबंध रहा हैं। अनायास ही उन्हें मेरी बीमारी का पता चला और अपने सरल स्वभाव के अनुरूप ही उन्होंने अभिभावक की तरह मेरा मार्गदर्शन किया। उनका प्रेम ही था जो इस पुस्तक के प्रकाशित होने के पहले ही इसके कुछ अंशों को मैंने पढ़ लिया। पुस्तक पढ़ने के बाद मुझे यह अनुभव हुआ कि सकारात्मक विचारों का जीवन पर व्यापक प्रभाव है

और पुस्तक में दिये गये निर्देशों को आत्मसात कर पहले से काफी अच्छा महसूस करने लगा हूँ। शायद दवाओं से भी इतना फ़ायदा नहीं हुआ। धन्यवाद उत्तम सर ॥

मनीष कुमार ठाकुर

श्रीकृष्ण नगर, मोतीहारी

(3) "वास्तविक सुख, निरोग काया" इस कहावत को न जाने कितनी बार सुना पर जीवन के इस भाग-दौड़ में ऐसा मशगूल हुआ कि अपने शरीर को रोगग्रस्त बना डाला। पहले सोरिओसिस, फिर सोरिओसिस आर्थराइटिस जैसी बीमारियों ने मुझे अंदर तक तोड़ दिया। गुस्सा, खीझ और तनाव मेरे जीवन में सामान्य बन गया। छोटी-छोटी बातों पर अपने सहकर्मियों व परिवार के सदस्यों से उलझ जाता, खुद को दोषी समझता और पश्चाताप में जलता रहता था। सच कहूँ तो मेरा मन नकारात्मक विचारों से भरा रहता था।

इसी क्रम में मेरी बात उत्तम जी से हुई। उन्होंने मुझे कुछ सरल उपाय बताए। शुरू में तो लगा कि उनकी बात किताबी है पर उनकी विश्वास भरी बात और लंबा अनुभव मुझे उस राह पर चलने को प्रेरित किया। मैंने उन उपायों को अपने जीवन में अपनाना शुरू किया। कुछ दिनों तक थोड़े समय के लिए ही सही पर अभ्यास निरंतर करता रहा।

परिणाम आश्चर्यजनक थे, जोड़ों के दर्द में बहुत आराम था और मन-मस्तिष्क में नई ताजगी का एहसास था।

फायदा होने पर ज़्यादा समय तक अभ्यास करने लगा। उनके बताए साधारण से लगने वाले सुझाव पिछले एक वर्ष से मेरी दिनचर्या का अभिन्न हिस्सा हैं। अब न उतनी खीझ होती है, न गुस्सा। मन-मस्तिष्क शांत रहता है और अब मैं एक नए आत्मविश्वास के साथ जीवन जी रहा हूँ।

आज जब उत्तम जी ने प्रफुल्लित मन और स्वस्थ जीवन विषय पर उन्हीं चमत्कारी सरल उपायों को कलमबद्ध किया है तो निःसंदेह आम जन को इसका फायदा मिलेगा। जरूरी है, इन उपायों को आत्मसात करने की और निरंतर अभ्यास करने की।

शुभकामनाओं सहित।

गिरीश चंद्र झा,

विवेक विहार कॉलोनी,

मुज़फ़्फ़रपुर।

(4) मैं पिछले 13 सालों से high blood pressure का दवाई खा रहा हूं लेकिन अपने बड़े भाई श्री उत्तम सुशांत की सलाह से तथा उनके द्वारा बताए गए exercise से एवं जीवन शैली में कुछ सुधार करके 13 सालों के बाद डॉक्टर के देख रेख में मेरा blood pressure के दवाई का dose कम कर दिया गया है अगर भगवान ने चाहा तो जल्द ही दवाई से मुक्ति मिल जाएगी।

आदित्य सुशांत

बेला छपरा, मुज़फ़्फ़रपुर।

(5) एक समय मेरा वजन बहुत ज्यादा हुआ करता था मैंने यह उम्मीद भी करना छोड़ दिया था की मेरा वजन कभी कम भी हो सकता है फिर एक दिन मुझे आदरणीय उत्तम सर की लिखी हुई पुस्तक प्राप्त हुआ उसमें लिखी हुई छोटी छोटी बातें को मैंने फॉलो किया जैसी खाना खाने के 1 घंटे बाद 5 मिनट के लिए सीढ़ी पर चढ़ना उतरना करना फोन पर बात करतें समय टहलते हुए बात करें,

सुबह में smoothy का सेवन करना, हल्का व्यायाम करना। छोटी-छोटी बातों का लगातार पालन करने से फर्क दिखता है जो मैंने खुद महसूस किया है। अब मैं पहले से कहीं ज्यादा ऊर्जावान महसूस करता हूँ। इन सभी का श्रेय आदरणीय उत्तम सर और उनकी द्वारा लिखी हुई पुस्तक को जाता है मैं तहे दिल से आपका आभार प्रकट करता हूँ।

रजत कुमार,

नई बाजार,

मुजफ्फरपुर।

मुज़फ़्फ़रपुर के प्रसिद्ध नेत्र-विशेषज्ञ डॉ सुधांशु कुमार के विचार

The WHO defines health as a State of Complete Physical, mental & Social well being & not merely the absence of disease or infirmity. We doctors mainly focuses on physical aspect, Sometimes mental & rarely Social aspect.

This book by Mr. Uttam Kumar nicely depicts mental & Social aspect of health with lots of illustration & in easy language. This book also discusses how to maintain good Physical health. So this is the book for Prevention of disease.

Thank you Mr. Uttam Kr. for Such a nice book.

Sudhanshu Kumar

हिंदी में भावार्थ

विश्व स्वास्थ्य संगठन स्वास्थ्य को पूर्ण शारीरिक, मानसिक और सामाजिक WELL BEING के रूप में परिभाषित करता है। सिर्फ बीमारी या दुर्बलता का नहीं होना अच्छा स्वास्थ्य नहीं कहा जा सकता है।

हम चिकित्सक मुख्यतः शारीरिक और कभी-कभी मानसिक अवस्था पर और बिरले ही सामाजिक अवस्था पर ध्यान देते हैं।

उत्तम कुमार की पुस्तक स्वास्थ्य के मानसिक और सामाजिक अवस्था का प्रचुर उदाहरणों के साथ सुंदरता से सहज भाषा में वर्णन करती है। यह पुस्तक अच्छा शारीरिक स्वास्थ्य बनाए रखने के बारे में भी बताती है। अतः यह पुस्तक बीमारियों के रोकथाम हेतु है।

उत्तम कुमार को इतनी अच्छी पुस्तक लिखने के लिए धन्यवाद।

डॉ सुधांशु कुमार के हस्ताक्षर

मधुबनी (बिहार) के प्रसिद्ध ऐलोपैथ चिकित्सक डॉ सुधेन्द्रनाथ सिन्हा के विचार

मेरे निजी क्लिनिक के 34 वर्षों का अनुभव मेरे इस विचार की पुष्टि करता है कि 10 रोगियों में 5 रोगी अपनी मानसिक उलझनों की समस्या से पीड़ित रहते हैं। लम्बी बातचीत एवं तथाकथित विटामिनों की गोलियों से ऐसे रोगियों की परेशानियां दूर होती हैं।

एक स्वस्थ मन में स्वस्थ शरीर का वास होता है। इस संदर्भ में श्री उत्तम कुमार द्वारा रचित यह लेख आज के मानव जीवन में बढ़ते नकारात्मक विचार एवं कुठुंगपूर्ण प्रतिस्पर्धा को एक सकारात्मक सोच प्रदान कर सकता है।

अन्त में श्री उत्तम कुमार की यह रचना आज के समाज को प्रगतिशील, सुदृढ़ एवं सशक्त रूप में विकसित करने में सहायक सिद्ध होगी, ऐसा मेरा विश्वास है।

बहुत ही शुभकामनाओं के साथ।

Sudhendra Nath Sinh

विद्वान, अनुभवी एवं पितातुल्य मनीषियों के आशीर्वचन

(1)

मनुष्य की व्यक्तिगत समस्याओं पर आधारित इस पुस्तक में लेखक ने समस्याओं का विश्लेषण किया है और निदान बताया है। मनुष्य के मन में अनन्त इच्छायें उठती हैं। मन बड़ा चंचल और कभी न अघाने वाला तत्व है। जो व्यक्ति अपनी इच्छाओं पर नियंत्रण नहीं कर पाया, उसके शरीर में वे इच्छाएँ नाना प्रकार की बीमारियाँ उत्पन्न

कर देती हैं। चूँकि मनुष्य अपनी बीमारियों के मूल कारण को नहीं पहचान पाता है इसलिए वह गलत दवाओं का सेवन करता रहता है। परंतु उसकी परेशानियाँ दूर नहीं हो पाती हैं।

कई महत्वपूर्ण लोगों ने लिखकर दिया है कि इस पुस्तक में दिए गए उपायों के अपनाने से उनकी व्यक्तिगत समस्याओं में बहुत लाभ हुआ।

इस प्रकार की पाठकों की प्रतिक्रियाएँ यह साबित करती हैं कि लेखक द्वारा दिए गए समाधान कितना कारगर और व्यक्तिगत समस्याओं से छुटकारा दिलाने वाली है।

मुझे पूर्ण विश्वास है कि उत्तम सुशांत जी की यह पुस्तक अपने और विदेशी समाज में ऐसी समस्याओं से जूझ रहे लोगों के लिए वरदान साबित होगा।

मैं आशीर्वाद देता हूँ कि मनुष्य के मानसिक तनाव से उत्पन्न हो रहे समस्याओं के लिए अन्य पुस्तक का भी सृजन करेंगे ताकि समाज इन व्याधियों से पूर्ण रूप से मुक्त हो सके।

चितरंजन सिन्हा कनक

अध्यक्ष, जिला हिंदी साहित्य सम्मेलन, मुज़फ़्फ़रपुर।

अध्यक्ष, बिहार थियोसोफिकल फेडरेशन।

(2)

उत्तम कुमार द्वारा रचित 'सुखी आत्मा स्वस्थ शरीर' व्यवहारिक क्रियात्मक अध्यात्म का व्याख्यात्मक प्रलेख है; मनश्चेतना का सहज विज्ञान है और इनकी अध्ययनशीलता, प्रयोगात्मक अनुभव, नैरंतर्य चिंतन-मनन तथा क्रियाशील जीवन-चर्चा का आलोक वलय है। यह रचना-विधान अपने से ऊबे, दुखी और भटके हुए लोगों, अपनी वास्तविक पहचान खोए व्यक्तियों के लिए संसार सागर में प्रकाश स्तम्भ है, पथप्रदर्शक है।

मैंने स्वयं भी इन प्रयोगों को आजमाया है और अपेक्षित सफलता भी पाई है। खासकर 'डायफ्राम अल्फा श्वसन' क्रिया ने मेरे स्वप्रबन्धन को और भी सहज बना दिया है।

इसमें सुझाए गए उपायों का यदि सम्यक और समन्वित प्रयोग किया जाए तो जीवन राग को मधुर से मधुरतम बनाया जा सकता है। मसलन यदि हम डायफ्राम श्वसन, डायफ्राम अल्फा श्वसन, शब्द चिकित्सा, हो'ओपोनोपोनो ध्यान, मानसिक ब्लास्टिंग, स्वपहचान से स्वनियंत्रण, क्षमा माँगना और करना, धन्यवाद, वर्तमान में जीने का अभ्यास, काम को तत्काल करने की प्रवृत्ति, नियमित व्यायाम,

संकल्पशीलता के लिए पुस्तक में बताए उपायों/प्रयोगों को अपने जीवन में अपना लें तो हमारी सर्वस्वीकार्यता सहज हो जाएगी और अवसाद/तनाव मुक्ति से 'सुखी आत्मा और स्वस्थ शरीर' का संकल्प अनायास प्राप्त हो जाएगा।

पुस्तक की सहज बोधगम्य भाषा, सन्तुलित सार्थक शब्द संयोजन, अर्थ सापेक्ष वाक्य, उपायों के प्रयोग की सरल विधि लेखक और रचना दोनों को अप्रतिम, अपरिमेय ऊँचाई प्रदान कर रही है। ऐसी सर्वोपयोगी रचना हेतु बन्धु उत्तम कुमार को कोटिशः धन्यवाद अभिनन्दन। सर्वांत में इस आर्ष वचन के साथ इनका पुनः अभिनन्दन, चंदन:-

सर्वे भवन्तु सुखिनः सर्वे संतु निरामया।

सर्वे भद्राणि पश्यन्तु म कश्चिद् दुःख भागभवेत॥

डॉ० शारदा चरण
कार्याध्यक्ष, जिला हिंदी साहित्य सम्मेलन,
मुज़फ़्फ़रपुर।

श्री उदय नारायण सिंह, प्रधानमंत्री, ज़िला हिंदी साहित्य सम्मेलन, मुज़फ्फरपुर के आशीर्वचन

शुभाशंसा

मैंने भाई उत्तम सुशांत की पुस्तक -"सुखी आत्मा-स्वस्थ शरीर" का बड़े ही मनोयोग से अवगाहन किया है।

गंदे चित्त में स्वस्थ शरीर नहीं रह सकता। शरीर को स्वस्थ और सबल रखने के लिए चित्त या आत्मा को निर्मल या पवित्र रखना अतिशय आवश्यक है।

यह पुस्तक पाँच अध्याय में विभक्त है। यथा --

चेतन मन को शांत और प्रफुल्लित करने के छः अभ्यास।

अवचेतन मन का कचड़ा साफ करने की दस विधियाँ।

चमत्कारी भूत से उत्कृष्ट सेवा लें।

प्रफुल्लित मन के अन्य महत्वपूर्ण स्तंभ।

और अच्छा स्वास्थ

सभी अध्याय में लेखक ने गहनता से अनमोल यौगिक मोती को चुनकर आत्मा और शरीर की शुचिता के लिए रख दिया है जिसे अंगीकार कर पाठक निसंदेह, निरोग, स्वस्थ और प्रफुल्लित रहकर अपना जीवन धन्यातिधन्य बना सकते हैं।

मेरी समझ से यह पुस्तक -'स्वस्थ रहने की कला तो सिखाती ही है , जीवन जीने की कला भी सिखाती है।'भाई उत्तम जी की और ऐसी ही कृतियाँ लोक -जीवन में शीघ्र आएँ , ताकि जन -जन यौगिक क्रियाओं से आत्मा और शरीर को स्वस्थ रखकर उध्वरेता बनकर जीवन का शाश्वत आनंद ले सके।

ॐ शम्

उदय नारायण सिंह
प्रधानमंत्री
जिला हिंदी साहित्य सम्मेलन,
मुजफ्फरपुर, बिहार
दिनांक 20 -07-2021

तिथि -आषाढ़, शुक्ल पक्ष, देवशयनी एकादशी

पाठकों के प्रति आभार

आपने "सुखी आत्मा, स्वस्थ शरीर" की ओर अग्रसर होने का उत्तम निर्णय लिया है। इस पुनीत कार्य हेतु मेरी पुस्तक चुनने के लिए आपका कोटि-कोटि आभार।

पुस्तक में बताई गई विधियों का अनुपालन करके *आप अपना लक्ष्य प्राप्त कर लेंगे। जिस अनुपात में विधियों का अनुपालन करेंगे, उसी अनुपात में लाभ भी प्राप्त करेंगे।* अतः आरंभ में शत-प्रतिशत पालन संभव न हो तो छोटे से शुरुआत करें और निरंतरता बनाये रखें। आपका अभ्यास कालान्तर में स्वतः गति पकड़ लेगा। आप न सिर्फ पुस्तक में दी गयी विधियों में पारंगत हो जायेंगे बल्कि इस विषय पर अन्य पुस्तकों का अध्ययन करके "सुखी आत्मा, स्वस्थ शरीर" के अभियान को नई धार देंगे।"

सादर,
उत्तम सुशांत

प्रस्तावना

स्वस्थ जीवन कैसे जिया जाए? यह प्रश्न मेरे मन को सदा कुरेदता रहता है। मानस में गोस्वामी तुलसी दास ने लिखा है-

"कर्म प्रधान विश्व रचि राखा, जो जस करहि सो तस फल चाखा।"

वर्षों पहले मैं अत्यधिक अशांत रहता था। छोटी-छोटी बातों पर मैं क्रोध से काँपने लगता था; पत्नी और बच्चों पर चिल्लाता था और घर के सामानों को पटककर तोड़ देता था।

घर के बाहर मुझे अपना क्रोध दबाना पड़ता था। परिणामस्वरूप मैं बहुत बीमार हो गया था।

मुझे यूरिक एसिड, उच्च रक्तचाप, अम्लता, बवासीर, अधिक लिपिड प्रोफाइल, आदि बीमारियाँ हो गयी थीं। थोड़ी भी सर्दी में मैं ढेर सारे ऊनी कपड़े पहनकर मफलर से अपने कान और गला को कसकर बाँधे रहता था, फिर भी गले में दर्द होकर बुखार हो जाता था। मुझे पेप्टिक अल्सर भी हो चुका था। अतः मैं पेरासिटामोल, अम्ल विरोधी दवाइयाँ, एंटीबायोटिक्स, और हिक्स थर्मामीटर अपने ओडिसी (वी. आई.पी) ब्रीफकेस में हमेशा रखता था।

दिसंबर, 2009 में मैं पंजाब नेशनल बैंक की मोतीहारी शाखा का प्रबन्धक था। कार्य के दौरान एक व्यक्ति ने फ़ोन पर मुझे अपशब्द कहा----।

मैंने उन अपशब्दों को पी लिया, लेकिन क्रोध से मेरे हाथ और होंठ कांपने लगे। स्टाफ सदस्यों ने कैंटिन में एक चौकी पर चादर बिछाकर मुझे लिटा दिया। एक-डेढ़ घन्टे की सेवा और प्राथमिक उपचार के बाद मैं ठीक हुआ।

अगले दिन मैं डॉ. सी.एम.पी. सिन्हा के यहाँ गया। मैं सशन्कित था,"मेरी सारी तकलीफें सुनकर डॉक्टर साहब मेरा मजाक उड़ाते हुए पूछेंगे कि आपका शरीर है या बीमारियों का घर?

अत्यंत ही संकोच के साथ रुक-रुककर मैंने डॉक्टर साहब को अपने सारे कष्ट बताये। उन्होंने सारी बातें ध्यान से सुनकर कहा, "आपको कोई विशेष बीमारी नहीं है। आप खुश रहिये और गरम कपड़े कम पहनिए।"

मुझे बड़ी शांति मिली। मैंने पूर्ण स्वस्थ बन जाने का निर्णय लिया और क्रोध को टाटा, बाई-बाई बोल दिया।

तन और मन को स्वस्थ या अस्वस्थ रखने में अवचेतन मन का बहुत बड़ा हाथ होता है।

मैं अपने चेतन एवं अवचेतन मन को प्राणायाम, योगासन और व्यायाम आदि करके स्वस्थ करने का प्रयास करने लगा। सूर्योदय के बाद मैं नियमित रूप से तेजी से टहलते हुए रामकृष्ण आश्रम जाने लगा। आश्रम में लगे फूल और हरियाली से मेरी आत्मा को विलक्षण सुकून मिलने लगा। इसके साथ ही मैंने अपनी जीवन शैली में अनेक बदलाव किये। इसका विवरण मैं आगे दूँगा।

मैंने यह भी महसूस किया कि शरीर जितना मोटा होता है, बीमारियाँ उतनी ही अधिक होती हैं। अतः मैंने अपने पेट का घेरा कम करने का निर्णय लिया। मैं अपने पेट का घेरा 110 सेंटीमीटर से घटाकर 92 सेंटीमीटर कर चुका हूँ। अब मैं अपने को चुस्त-दुरुस्त और फूर्तीला महसूस करता हूँ। मेरे शरीर की अनेक बीमारियाँ समाप्त या शिथिल

हो गयीं हैं। 1999 से मैं पढ़ने-लिखने के लिए चश्मे का प्रयोग करता था। अब उसकी आवश्यकता नहीं पड़ती है। यद्यपि मैं नियमित रूप से आँखों का व्यायाम भी करता हूँ और मस्तिष्क के साथ-साथ आँखें भी हमेशा प्रसन्न रखता हूँ।

स्वस्थ जीवन की पहली शर्त है- "सदा प्रफुल्लित और आनन्दित रहना।" अतः सारे चिकित्सक अपने रोगियों को चित्त प्रफुल्लित रखने की सलाह देते हैं।

मानव शरीर में लगभग 300 खरब सेल्स हैं। ये सेल्स हमारे शरीर में अनेक महत्वपूर्ण कार्य करते हैं और बाहरी सेलों के आक्रमणों को भी रोकते हैं। आप प्रफुल्लित होते हैं तब ये सेल्स भी प्रफुल्लित होकर पूरे उत्साह के साथ कार्य करते हैं।

आज और अभी से आप पूर्ण प्रफुल्लित रहने का निर्णय लीजिये। आपका भविष्य सुनहरे अवसरों से भर जाएगा।

लेकिन कुछ पाने के लिए कुछ खोना पड़ता है। अपने सड़े विचारों और पुरानी आदतें कूड़ेदान में डालकर आपको सकारात्मक सोच और शक्तिशाली आदतों को अपनाना होगा।

शक्तिशाली आदतें फलदार वृक्षों की तरह होती हैं। प्रारम्भ में उनको पोषित करना होता है, बाद में वे आजीवन मीठे फल देतीं हैं।

कष्ट उठाकर एक बार शक्तिशाली आदतें बना लीजिए, ये स्वतः आपके जीवन में दमदार खुशियाँ और प्रसन्नताएँ भरती जायेंगी।

पुस्तक से शत प्रतिशत लाभ उठाने के लिए आप प्रत्येक अध्याय के अंत में दिया गया अभ्यास अवश्य करें। तत्पश्चात अगला अध्याय पढ़ना प्रारम्भ करें।

भवदीय
उत्तम सुशांत

अध्याय 1

तत्काल लाभ हेतु चेतन मन शांत और प्रफुल्लित करने के छह अभ्यास

1

डायफ्राम अल्फा श्वसन तथा अन्य प्राणायाम

"श्वास ही जीवन है।"

कंप्यूटर की भाषा में कहा जाता है- "कचड़ा डालें, कचड़ा पाएं।" हमारे मस्तिष्क पर भी यह लागू है। बचपन से आज तक जो भी वहाँ डाला गया, वही समय-समय पर बाहर आता है। अनेकों बार आप अपनी उदासी का कारण भी नहीं समझ पाते हैं। आपके मन के दूरस्थ कोने में छुपी हुई कोई दुखद घटना आपको उदास कर रही होती है।

बचपन से आपके मस्तिष्क का प्रोग्रामिंग बेतरतीब इनपुट्स के अनुसार होता गया है। शांत और प्रफुल्लित मन पाने के लिए आपको अपने अवचेतन मन की प्रोग्रामिंग नए तरीकों से करनी होगी। वहाँ जमा कचड़ा हटाकर नये और सकारात्मक विचार भरने होंगे। यह प्रक्रिया लम्बी है, लेकिन स्थायी लाभ के लिए आवश्यक है।

शीघ्र परिणाम के लिए "डायफ्राम अल्फा श्वसन" अपनाइए।

एक आध्यात्मिक बाबा ने बताया था- "ईश्वर साँसें गिन कर मनुष्य की आयु तय करते हैं। आप धीरे-धीरे लम्बी साँसें लेंगे तो प्रति साँस अधिक समय लगेगा। फलस्वरूप आपकी संभावित आयु भी लम्बी होगी।"

गहरी एवं लम्बी श्वसन प्रक्रिया और प्राणायाम के लाभ के बारे में आपने काफी सुना होगा। निम्नलिखित कारणों से "डायफ्राम अल्फा श्वसन" मेरा प्रिय है।

1. बिना किसी को बताए आप इसे कहीं भी कर सकते हैं।
2. डायफ्राम की गति से उदर के सारे अंग हिलते हैं। अतः यह पेट के लिए स्वास्थ्यवर्धक होता है।
3. "डायफ्राम श्वसन" से मन शीघ्र शाँत होता है और ताजगी महसूस होती है।
4. इसकी विधि एकदम सरल है।

"डायफ्राम श्वसन" की विधि

1. अपनी आँखें बंद कर कल्पना करें, "आप किसी रमणीक स्थल पर बैठे हैं। मन्द-मन्द शीतल हवा चल रही है। फूलों की खुशबू आ रही है।"
2. बिस्तर पर पीठ के बल लेटकर दोनो घुटनों को मोड़ लें। अपनी दाँयी हथेली नाभी पर और बाँयी हथेली सीने पर रखकर पेट को फुलायें, श्वास स्वतः अंदर आ जायेगी। फिर पेट सिकोड़ें, श्वास स्वतः बाहर निकल जाएगी। अपने उपर कोई दबाब न डालें और न ही श्वसन क्रिया हेतु नाक से श्वास खींचें। पेट की गति से स्वतः श्वास अंदर-बाहर होने दें। जीवनदायिनी ऑक्सिजन के लिए ईश्वर को धन्यवाद दें।

मैंने डायफ्राम श्वसन की बिंदु संख्या 2 में इंगित विधि अनेक पुस्तकों में पढ़ी है। ("बिंदु संख्या 1" मेरा परिवर्द्धन है।)

डायफ्राम श्वसन के अनेक लाभ हैं। उनमें तनाव और उच्च रक्तचाप में लाभ होना, हृदय गति सामान्य की ओर बढ़ना, पेट के अनेक रोगों में लाभ आदि प्रमुख हैं।

डायफ्राम श्वसन करते समय मैं साँस गोल ओठों से छोड़ता हूँ। इससे मन केंद्रित रखना मेरे लिए आसान हो जाता है। इस परिवर्द्धन के उपरांत मैं डायफ्राम श्वसन को "डायफ्राम अल्फा श्वसन" कहता हूँ।

अभी ही 5 मिनट तक "डायफ्राम अल्फा श्वसन" करके अविलम्ब प्राप्त होने वाले ताजगी का आनंद उठाएं। प्रति सुबह-शाम 5 मिनट तक इस प्रक्रिया का अभ्यास नियमित रूप से करें। *मैं इसे वज्रासन में बैठकर करता हूँ।*

ध्यानपूर्वक कार्य करने से तन और मन में त्वरित परिणाम आते हैं। अतः यथासम्भव एक हथेली नाभी पर रखकर "डायफ्राम अल्फा श्वसन" का अभ्यास करें।

आप रेल में, बस में, कार में या कहीं किसी की प्रतीक्षा करते समय सीधा बैठकर कर इसे कर सकते हैं और अपने शरीर तथा मस्तिष्क में ऑक्सिजन की मात्रा बढ़ा सकते हैं। घर के बाहर आप इसे खुली आँखों से भी कर सकते हैं। आपको तरोताजा करने के साथ-साथ यह आपकी आरोग्यवर्धक क्षमता भी बढ़ाती है।

सामान्य डायफ्राम अल्फा श्वसन में निपुण होने के बाद थोड़ी देर के लिये श्वास अंदर रोकने का भी अभ्यास करें ताकि प्राण-दायिनी ऑक्सिजन आपके सिस्टम में पूरी तरह समाहित हो जाए।

"डायफ्राम अल्फा श्वसन" के अतिरिक्त मैं प्रत्येक सुबह 5 मिनट अनुलोम-विलोम तथा 75 बार "परशुराम प्राणायाम" भी करता हूँ।

"परशुराम प्राणायाम" की विधि योग गुरु धीरज ने यूट्यूब पर बताई है। इसमें धीरे-धीरे डायफ्राम खींचते हुए पेट और सीने में हवा भरी जाती है और उसे एक बार छोड़ दिया जाता है मानो आप कोई मोमबत्ती बुझा रहे हों। आप यूट्यूब पर परशुराम प्राणायाम की पूरी विधि देख सकते हैं।

प्राणायाम के बारे में मैंने अनेक विशेषज्ञों को सुना है।

अतः मैं "परशुराम प्राणायाम" निष्क्रिय नासिका छिद्र को अंगूठे से बंद करके 25 बार, सक्रिय नासिका छिद्र को अंगूठे से बंद करके 25 बार तथा दोनों नासिका छिद्र खुला रखके 25 बार करता हूँ। यह विधि मुझे बहुत लाभदायक लगती है क्योंकि इससे दोनों नासिका छिद्रों की सफाई हो जाती है।

विद्वान योग गुरु की सलाह से अथवा अपने विवेकानुसार आप भी इसे परख सकते हैं।

x+x+

2

अवचेतन के बाग में शक्तिशाली विचार बोएँ

"करत करत अभ्यास के जड़मति होत सुजान।
रसरी आवत जात ते सिल पर पड़त निसान॥"
- कविवर वृन्द

हमारी एक शाखा के पीछे काफी जंगल-झाड़ था। मैंने उसे साफ करवाकर करीने से फूल-पौधे लगवा दिये थे। भोजनावकाश में प्रायः हमलोग ऑक्सिजन से भरपूर प्राकृतिक सौंदर्य का आनंद उठाते थे।

आपका अवचेतन मन भी जंगल-झाड़ भरी भूमि की तरह है, इसमें स्वच्छंद विचारों के जंगल लगे हैं, जिसमें रहने वाले बंदर आपके चेतन मन में धमा-चौकड़ी मचाते रहते हैं। एक अनुमान के अनुसार हमारे चेतन मन में 50-60000 विचार प्रतिदिन बिना बुलाये मेहमान की तरह आते हैं।

अपने अवचेतन को करीने से सुंदर और शक्तिशाली विचारों से ओतप्रोत रखिये। ये विचार आपके चेतन मन में आकर पहरेदारी करते रहेंगे और नकारात्मक विचारों को वहाँ फटकने नहीं देंगे।

अंगरेजी में एक कहावत है, "Small is beautiful. अर्थात छोटा सुन्दर होता है।" हज़ारों मील की यात्रा पहले कदम से प्रारंभ होती है।

आप श्रेष्ठ और शक्तिशाली विचार बार-बार दोहरा कर उनको अपने विलक्षण अवचेतन मन में बोना प्रारम्भ कर दीजिए। अपने खाली समय में इन्हीं विचारों को दोहराते रहिए।

जैसे वाक्य आप अपने मन में दोहरायेंगे, आपकी मनःस्थिति वैसी ही होगी। जितना अधिक अभ्यास करेंगे; उतना ही लाभ उठाएँगे।

मेरे निम्नलिखित विचार को 5 मिनट बार-बार पूरी भावना के साथ दोहराकर अपनी मनःस्थिति प्रसन्न करने की दिशा में पहला निर्णायक कदम अभी बढ़ाइये। इन्हें दोहराने के साथ हाथों को अपने मस्तक, सीने आदि पर रखकर यथोचित गति देते रहें।

"मैं सारे संसार के प्रति सकारात्मक भाव रखता हूँ क्योंकि नकारात्मकता धारक को ही हानि पहुँचाती है। मैं प्रफुल्लित हूँ। मैं मस्त हूँ और सबका भला चाहता हूँ।"

कुर्सी पर सीधे बैठकर इस शक्तिशाली विचार को 21 दिन प्रतिदिन सोकर उठने के ठीक बाद और रात में सोने के ठीक पहले 5 मिनट उपर्युक्त तरीके से दोहराइये। आप अकेले हैं तो हल्की आवाज में अन्यथा स्व-श्रव्य आवाज में दोहराइए।

21 दिन तक उपर्युक्त क्रिया करने के पश्चात आप इसके प्रभाव को स्वयं अनुभव करेंगे।

आगे मैं और भी अनेक शक्तिशाली विचार बताऊँगा। अपने विवेक से सकारात्मक एवं शक्तिशाली विचार आप स्वयं भी बना सकते हैं।

यदि दिन में भी इन्हें यथासंभव दोहरायेंगे तो यह आपकी उपलब्धि में चार चांद लगा देगा।

अभ्यास:- अगला अध्याय प्रारम्भ करने के पहले:-

1. दो-तीन डायफ्राम अल्फा श्वसन करें। 5 मिनट तक उपर्युक्त शक्तिशाली विचार शांत मन से दोहराएँ।

x+x+

3

हँसिए-हँसाइए, तनाव दूर भगाइए

बच्चे हँसते रहते हैं। अतः वे तनाव-मुक्त रहते हैं।

बड़े होने के बाद हम अपने आपको भारी-भरकम मानकर हँसने में हेठी समझने लगते हैं। फलस्वरूप तनाव के बोझ से दबकर अनेक गम्भीर बीमारियों के शिकार बन जाते हैं।

अधिकांश वयस्कों के चेहरे पर मोटे अक्षरों में लिखा होता है, "हँसना मना है। हँसे तो फँसे आदि"

गंभीर भाव-भंगिमा, उच्च रक्तचाप, मधुमेह, और हृदय रोग आदि हमारे आधुनिक जीवन के पहचान बन गए हैं।

बच्चे प्रतिदिन औसतन 300 से 400 बार खिलखिला कर हँसते हैं और दूसरों को भी हँसाते हैं।

वयस्कों को कृत्रिम रूप से हँसाने के लिए योग-कक्षाएँ लगती हैं और लाफिंग-क्लब बनाये गये हैं।

'जॉनी मेरा नाम' में देवानंद ने गाया है," पल भर के लिए तू हमसे प्यार कर ले, झूठा ही सही."

यह आश्चर्यजनक सच्चाई है। दर्पण के सामने खड़े होकर दो मिनट आप झूठ-मूठ भी खुलकर हँस लेंगे तो तरो-ताजा हो जायेंगे।

बिंदास हँसी के कुछ महत्वपूर्ण लाभ नीचे वर्णित हैं:-

* हँसने से शरीर में हैप्पी हार्मोन एंडोर्फिन का स्राव होता है। यह आपको प्रसन्न कर देता है।एंडोर्फिन में अस्थाई तौर पर दर्द निवारक गुण भी पाए जाते हैं।
* रोग प्रतिरोधक क्षमता बढ़ती है।
* फेफड़ों से कार्बन डाई ऑक्साइड पूरी तरह बाहर निकल जाने से स्वास्थ्य ठीक होता है।
* अल्प मात्रा में कैलोरी जलती है।
* अवसाद कम होता है।
* कार्यस्थल पर तनाव दूर होता है और उत्पादकता बढ़ती है।
* साथ-साथ हँसने से आप अपने साथियों से घुल-मिल जाते हैं। परिणामस्वरूप, आपकी लोकप्रियता बढ़ती है।

आज और अभी से हँसना प्रारंभ कीजिए। अपने सहयोगियों को चुटीला चुटकुला सुनाइए और सब मिलकर अट्टहास लगाइए।

अपने साथियों को भी चुटकुले कहने के लिए आमंत्रित कीजिए।

कोई हँसाने वाली फिल्म या कार्यक्रम देखिए। दर्पण के सामने जब भी जाइए, खुलकर आवाज हीन हँसी हँसिए।

मैं तो टहलते समय और घर के छोटे-मोटे काम करते समय भी छोटी सी बिंदास हँसी हँस लेता हूँ।

अपने दोस्तों और सम्बन्धियों के बीच भी हँसने के लाभों की चर्चा कीजिये और उन्हें बिंदास हँसने के लिए उकसाइए।

देखते-देखते आपके जीवन से तनाव रफूचक्कर हो जायेगा।

अभ्यास:-

दर्पण के सामने जाएँ। अपनी छवि को चिढ़ाकर मूक हँसी एक या दो मिनट हँसें।

x+x+

4

धन्यवाद विधि से बिगड़े काम बनाएं

"कृतज्ञता खुशियों का शक्तिशाली उत्प्रेरक है।"
- एमी कोलेट

अपने इष्ट-मित्रों के मुख से 'धन्यवाद' सुनने के लिए मैं तरसता रहता हूँ।

अगर कोई छोटा या बड़ा काम करने पर कोई अपरिचित व्यक्ति भी मुस्कराकर मुझे 'धन्यवाद' कह देता है तो मेरा हृदय हर्ष से उछलने लगता है और रोम-रोम पुलकित हो जाता है। हँसते-हँसते मैं उस व्यक्ति की और अधिक सहायता करने के लिये तत्पर रहता हूँ।

मुस्कराकर धन्यवाद कहने की मेरी आदत ने मेरे लिए मित्रों और शुभचिंतकों की विशाल सेना बना दी है। मुझे सहयोग करने वाले प्रत्येक स्थल पर मिल जाते हैं।

मेरे मित्र मुझसे तनाव दूर करने के टिप्स जानने आते हैं।

उनमें से एक मित्र राजेश जी को मैंने ऐसे दस व्यक्तियों को धन्यवाद देने के लिये कहा, जिन्होंने राजेश जी को कुछ भी सहयोग किया हो। साथ ही आभार प्रकट करने का कारण भी इंगित करना था। अभ्यास पूरा करने के बाद राजेश जी ने बताया कि धन्यवाद ज्ञापन करते समय अपने शुभचिंतकों के बारे में मनन करके उन्हें बहुत अच्छा लगा।

अशांति का एक प्रमुख कारण सिर्फ अपने बारे में ही सोचते रहना होता है।

"हाउ टु स्टॉप वोरिइंग एंड स्टार्ट लिविंग" में डेल कार्नेगी ने लिखा है,"अवसाद दूर करने का प्रभावी तरीका दूसरों के बारे में सकारात्मक ढंग से सोचना है।"

आप भी नोटबुक उठाकर दस लोगों को कारण बताते हुए धन्यवाद लिख डालिए। साथ ही आकर्षक मुस्कुराहट के साथ तन-मन से धन्यवाद देने की उत्कृष्ट आदत विकसित कीजिए। अपने इष्ट मित्रो और परिवार के सदस्यों को उनके द्वारा आपके प्रति किए गए अच्छे कार्यों के लिए धन्यवाद दीजिए। अपरिचितों को भी धन्यवाद देने के अवसर हाथ से नहीं जाने दीजिए।

आपकी यह आदत न सिर्फ आपके तनाव को कम करेगी बल्कि आपके मित्रों और शुभचिंतकों की संख्या में ज्यामितीय वृद्धि करके आपको Sinergy (सिनर्जी) की शक्ति भी देगी। अनजान स्थलों पर भी आपके मित्रों और शुभचिंतकों की संख्या में वृद्धि होने लगेगी।

अभ्यास के लिए:-

1. नित्य सुबह जल का प्रथम गिलास पीने के पहले किसी एक व्यक्ति को कारण बताते हुए धन्यवाद दीजिये।
2. एक धन्यवाद जर्नल बनाइये। उसमें प्रतिदिन कम से कम पांच लोगों को पिछले दिन सहायता करने के लिए कारण बताते हुए लिखकर धन्यवाद दीजिए।

जोसेफ मर्फी ने अपनी पुस्तक " आपके अवचेतन मन की शक्ति" में लिखा है,"आभारी मस्तिष्क ईश्वर के अत्यंत निकट होता है।"

प्रबंधन का एक सिद्धांत है," जहां ध्यान जाता है, वहां प्रगति होती है।" धन्यवाद देते समय आप जीवन में मिली अच्छी बातों पर ध्यान

केंद्रित करते हैं। अतः ये अच्छाइयाँ आपके जीवन में दिन दूनी रात चौगुनी बढ़ती जाती हैं।

ईश्वर को भी अच्छे स्वास्थ्य, प्यारे मित्रों, आज्ञाकारी पुत्रों, प्यार करने वाले माता-पिता, ध्यान देने वाली पत्नी आदि के लिए धन्यवाद देते रहिए। आपकी खुशियाँ बढ़ती जायेंगी। ईश्वर भी आभारी सन्तानों से प्यार करते हैं और उन पर वरदानों की भरपूर बरसात कर देते हैं।

अभ्यास:-

अगला अध्याय प्रारम्भ करने के पहले कम से कम एक व्यक्ति को फ़ोन से या आमने-सामने बात-चीत करते हुए धन्यवाद दीजिए। धन्यवाद देने का कारण भी बताइए।

x+x+

5

बचपन के सुहाने दिनों में लौट जाइए

"यदि आप अपना बचपन साथ रखते हैं तो
आप कभी बूढ़े नहीं होंगे।"
- टॉम स्टोप्पर्ड

क्या आपने किसी छोटे बच्चे को तनाव में देखा है?

अपवादों को छोड़ दें तो बच्चे हर पल मस्त-मौला रहते हैं। वे किसी चीज को अपने दिल पर नहीं लेते हैं। हठ पकड़ लिया तो जोर-जोर से रो लेते हैं। पुचकार दीजिए तो रोना-धोना भूलकर अठखेलियों में लीन हो जाते हैं।

उनकी आवश्यकताएं छोटी होती हैं। कागज़ के नाव को भी चक्रवर्ती सम्राट की तरह चलाते हैं।नवजातों को तो गोद में लेकर प्यार-पुचकार दीजिए। उनका हृदय पुलकित हो जाता है। एक-दो वर्ष के बच्चे छोटे चॉकलेट से खुश हो जाते हैं। 3-4 वर्ष की उम्र में 35 रुपए वाली किंडर-ज्वॉय माँगने लगते हैं। शनैः-शनैः उनकी आवश्यकताएँ बढ़ती जाती हैं। वयस्क होते-होते अधिकांश की इच्छाएँ हिलोरें मारने लगती हैं। इसी के साथ उनकी बेचैनी भी आसमान छूने लगती है।

"कम सामान रखने से यात्रा सुखद होती है। कम इच्छाएँ रखने से जीवन सुखमय बीतता है।"

बच्चे वर्तमान में जीते हैं। पेट भर कर खा लेते हैं, फिर मस्ती से खेलने चले जाते हैं। उन्हें पूर्ण विश्वास होता है कि भूख लगने पर उनके माता-पिता खाना दे देंगे।

मेरे मोतिहारी के मित्र मनीष कुमार सुझाव देते हैं- "आस्तिक होना भी खुश और संतुष्ट जीवन जीने का उत्कृष्ट तरीका है। परम पिता परमेश्वर पर विश्वास रखें, अनेक चिंताएं दूर रहेंगी।"

बच्चे क्षमा करो और भूल जाओ में विश्वास करते हैं।

किसी बात के लिये बड़े चाँटा भी लगा दिए तो थोड़ी देर विरोध प्रकट करके उनसे लिपट जाते हैं। किसी बात के लिए आपस में झगड़ा हो जाए तो उसे भी शीघ्र भूलकर एक साथ खेलने लगते हैं।

कोई चीज माँगनी हो तो वे बड़े प्यार और मनुहार से माँग लेते हैं। यद्यपि यदा-कदा बाल सुलभ हठ पर भी उतर जाते हैं।

बच्चे जब तक जगे रहते हैं, किसी न किसी उद्योग में लगे रहते हैं। खुद भी हँसते रहते हैं, और पूरे परिवार को भी हँसाते रहते हैं।

बच्चों में हमेशा नया सीखने की ललक होती है। एक बार मेरी भतीजी सान्या ने मुझसे पूछा," बड़े पापा आपका कुर्ता लाल क्यों हैं?" बच्चों के ये गुण जिन बड़ों में टिक जाते हैं, वे महान वैज्ञानिक बन जाते हैं।

बच्चे मानसिक रूप से स्वस्थ होते हैं क्योंकि वे मस्त और व्यस्त रहते हैं।

आइये हम भी अपने बचपन के इन गुणों को पुनः अपना कर मस्ती भरा जीवन जिएँ।

श्री आर.सी.प्रसाद सिंह ने ठीक ही कहा है," यह जीवन क्या है? निर्झर है, मस्ती ही इसका पानी है।"

अभ्यास:-

चंद पलों के लिए आँखें बंद कीजिए। कल्पना कीजिए कि आप एक छोटा बच्चा बन गए हैं और बच्चों के साथ घुल मिलकर खेल रहे हैं।

पारिवारिक/सामाजिक समारोहों में बच्चों से दोस्ती कीजिए। उनसे उन्हीं की भाषा में बातें कीजिए।

x+x+

6

आनंद हार्मोन से सराबोर रहिए

जीवन रसायनों का खेल है। आप तनाव में होते हैं तो शरीर में हानिकारक हार्मोन एड्रीनेलिन और कोर्टिसोल प्रवाहित होते हैं। वे शरीर को हानि पहुँचाते हैं और इसे उच्च रक्तचाप, मधुमेह, हृदयाघात आदि अनेक बीमारियों का घर बनाते हैं।

रात में बत्तियाँ बुझाकर अँधेरे में सोने जाते हैं तो मेलोटनीन प्रवाहित होता है और आपको नींद आने लगती है।

कुछ क्रियाओं से शरीर में आनंद हार्मोन प्रवाहित होते हैं। आनंद हार्मोन चार प्रकार के होते हैं-

1. एंडोरफिन
2. ऑक्सीटोसिन
3. सेरोटोनिन
4. डोपामाइन

ये हार्मोन आपके शरीर को हँसमुख और प्रसन्न रखते हैं। कुछ सरल क्रियाओं द्वारा आप अपने शरीर में इन्हें सरलता से प्रवाहित कर सकते हैं।

एंडोरफिन:- यह "आनंद हार्मोन" व्यायाम से, हँसने से और सक्रिय रहने से शरीर में प्रवाहित होता है।

एंडोर्फिन प्रवाहित करने के उद्देश्य से मैंने एक पीला गेंद खरीद लिया है। उसे हवा में उछाल कर पकड़ने का अभ्यास करता हूँ, जिसके कारण अप्रत्याशित ढंग से शरीर में गति होती है। गेंद कई बार हाथों से छूटकर इधर-उधर भागता है। अतः उसे पकड़ने और लपकने के प्रयास में अच्छा-खासा व्यायाम भी हो जाता है और रिफ्लेक्सेज भी तेज होते हैं।

एंडोरफिन डार्क चॉकलेट, हरी मिर्च आदि में भी पाई जाती है।

ऑक्सिटोसीन:- ऑक्सिटोसीन को "प्यार हार्मोन" कहा जाता है। छोटे बच्चों के साथ बच्चों की तरह खेलकर आप यह हार्मोन प्रवाहित कीजिए। यदि बच्चे घर में नहीं हैं तो जो भी मनुष्य आपके सामने आए, उसके साथ पूरे प्यार और अपनापन से बात करें। उसे शुभकामनाएँ दें। घर के बाहर लगे पौधों को पानी दें। अपने-आप से प्यार करें। यहाँ तक कि निर्जीव वस्तुओं से भी प्यार करें। उन्हें प्यार से संभालकर रखें। ईश्वर को धन्यवाद दें कि आपके पास ये सारी वस्तुएँ परम पिता परमेश्वर की कृपा से उपलब्ध हैं।

"प्यार के पथिक बनिए, प्यार पाइए, प्यार बाँटिए।"

स्वस्थ, सफल और हँसमुख जीवन की यह महत्वपूर्ण कुंजी है।

सेरोटनिन:- यह हार्मोन प्रकृति के निकट रहने से प्रवाहित होता है। अपनी व्यस्त दिनचर्या से कुछ समय प्रकृति के निकट रहने के लिए निकालें।

सुबह पार्क में टहलने सह जोग्गिंग करने जाएँ। खुले छत पर सवेरे की गुनगुनी धूप में प्राणायाम करें। चाँदनी रात में कुछ समय बिताएँ। अवकाश में किसी रमणीय स्थल पर घूमने जाएँ।

डोपामाइन:- इसे "पुरस्कार हार्मोन" कहा जाता है। उपलब्धि प्राप्त होने से यह हार्मोन प्रवाहित होता है। हमारे जीवन में सहस्रों लक्ष्य बनते हैं, जैसे परीक्षा उत्तीर्ण होना, नौकरी पाना, प्रोन्नति पाना, बच्चे होना, घर बनाना आदि। कुछ लक्ष्य छोटे भी होते हैं जैसे खेल में जीत प्राप्त करना, अच्छी ड्रेस खरीदना आदि।

छोटे-बड़े लक्ष्यों को प्राप्त करके डोपामाइन द्वारा हम अपने जीवन को रंगीन बनाये रहते हैं। उम्र बढ़ने के साथ हम लक्ष्य बनाना भूल जाते हैं। अतः पुरस्कार हॉर्मोन डोपामाइन प्रवाहित होना बंद हो जाता है। परिणामस्वरूप हमारा जीवन नीरस होने लगता है।

महाथिर बिन मोहम्मद 93 वर्ष की उम्र में मलेशिया के सातवें प्रधानमंत्री बने।

सी.एस.लेविस ने कहा है- " आप कभी इतने बूढ़े नहीं होते हैं कि आप नया लक्ष्य बनाना या नए सपने देखना बन्द कर दीजिए।"

अतः सपने देखने, योजनाबद्ध लक्ष्य बनाने और लक्ष्यों को प्राप्त करने की कोई उम्र सीमा नहीं होती है।

एक प्रयोग:-

अपने जीवन के स्पष्ट लक्ष्य कागज पर लिख लें। कल्पना करें कि आपने उन लक्ष्यों को प्राप्त कर लिया है। आप कैसा अनुभव कर रहे हैं? आपके मित्र और सम्बन्धी आपको बधाई देते हुए क्या कह रहे हैं? ये सारी चीजें स्पष्टता से कल्पना करें।

अवचेतन मन कल्पना और वास्तविकता में अंतर नहीं समझता है।

रस्सी को भी यदि आप साँप समझ लें तो एड्रीनेलिन प्रवाहित होना प्रारंभ हो जाता है। मन घबड़ाने लगता है और कलेजे की धड़कन बढ़ जाती है।

अच्छी वस्तुओं की कल्पना करेंगे तो आपका अवचेतन उनको भी वास्तविक मान लेगा। शरीर में हैप्पी हार्मोन डोपामाइन प्रवाहित होने लगेगा। आप प्रसन्नचित्त हो जायेंगे।

सतत सकारात्मक कल्पना का दूसरा लाभ:- आप कल्पना को वास्तविक बनाने के लिए प्रेरित होते हैं। आप के लिए सफलता के नए मार्ग अप्रत्याशित रूप से खुलते जाते हैं।

अपने शारीरिक सिस्टम को हैप्पी हारमोनों से हर पल प्रवाहित रखने के लिये मनपसंद संगीत सुनें, मित्रों के साथ ठहाके लगाएँ, मालिस का आनंद लें। मित्रों और परिवार के लोगों के साथ बीते सुखद पलों की चर्चा करें। बड़े सपने देखें, उनकी चर्चा अपने घनिष्ट मित्रों और पारिवारिक सदस्यों के साथ करें। उन्हें पूरा करने के लिए तन्मयता के साथ जुट जाएँ।

सपने सच होने के बाद प्राप्त खुशी आपको सदैव युवा रखेगी। महानायक अमिताभ बच्चन, प्रसिद्ध उद्योगपति रतन टाटा आदि इसके ज्वलन्त उदाहरण हैं।

कुछ दिनों पहले वायरल एक वीडियो में सेना के जवान बर्फ में गाना सुनते हुए कबड्डी खेल रहे थे। इस प्रकार वे "आनंद हार्मोन" प्रवहित करके अपना साहस और उत्साह बढ़ा रहे थे।

उपर्युक्त विधियों द्वारा अपने शरीर में "आनंद हार्मोन" प्रवाहित करते रहिए। ये आपके शरीर को प्रसन्नता और उत्साह से हर पल ओत-प्रोत रखेंगे।

अभ्यास:-

एक रंगीन गेंद खरीदिये। सूर्योदय के समय या सूर्यास्त के थोड़ा पहले इसे लेकर खुले स्थान में या छत पर जाइये। सूर्योदय/सूर्यास्त के नयनाभिराम दृश्य का आनंद लेते हुए गेंद को ऊपर फेंककर पकड़ने का अभ्यास कीजिये। मुझे यह जॉगिंग सह टहलना का श्रेष्ठ

विकल्प लगता है। इसमें रिफ़्लेक्सेज भी तेज होते हैं और चपलता भी बढ़ती है।

आप अपने साथ परिवार के सदस्यों को भी इस खेल में शामिल कर सकते हैं।

सावधानी:-

1. उपरोक्त खेल के पहले सूर्यनमस्कार/चेयर सूर्यनमस्कार की दो-तीन आवृत्तियाँ प्रतिदिन कीजिये ताकि आपके जोड़ लचीले बनें।
2. प्रारम्भ में धीरे-धीरे अभ्यास करें। कालांतर में आपकी निपुणता स्वतः बढ़ती जाएगी।

x+x+

अध्याय 2

अवचेतन मन का कचड़ा साफ करने की दस विधियाँ

जून 2019 में दो सप्ताह के लिए मैं बेंगलुरु गया था। लौटकर आया तो देखा कि घर में चारों ओर धूल ही धूल थी। दीवारों पर मकड़ियाँ जाला लगा चुकी थीं। रसोई-घर में भोजन-सामग्रियों से दुर्गंध आ रही थी। घर को फिर रहने लायक बनाने के लिए हम लोगों ने पूरे दिन सफाई की।

आप अपने घर की दैनिक, मासिक और वार्षिक सफाई करते हैं। पर्वों और उत्सवों के अवसर पर रंग-रोगन करके उसे सजाते हैं?

क्या आप अपने मस्तिष्क की साफ-सफाई पर भी इतना ही ध्यान देते हैं?

क्रोध, प्रतिशोध, घृणा, पश्चाताप, डर, ईर्ष्या आदि के भावनात्मक कचड़े हमारे मनो-मस्तिष्क में सड़ाँध फैलाते रहते हैं।

इन अवांछित भावनाओं को अपने अवचेतन से निकाल फेंकिए। वहाँ स्वस्थ और रचनात्मक विचारों के फलदार पौधे लगाइए।

इस खंड में हमलोग अवांछित भावनात्मक कचड़ों की सफाई-विधि पर चर्चा करेंगे।

x+x+

7

भीड़-भाड़ से मेरी घबराहट कैसे दूर हुई?

"अपनी भावनाओं को अपना मित्र बनाएँ।"
- हेमिन सुनीम

श्री डोरोथी जोन्गेवर्ड और मुरियेल जेम्स द्वारा लिखित पुस्तक "बोर्न टु विन" के अध्ययन से प्राप्त अंतर्दृष्टि ने मेरी बड़ी समस्या सुलझा दी।

भीड़-भाड़ वाली जगह पर जाते ही मेरा मन अकारण घबड़ाने लगता था। अतः मैं अपने भूत काल में ढूंढ़ने लगा कि सबसे पहले मुझे भीड़-भाड़ वाले स्थान पर कब घबड़ाहट हुई थी?

अनेक दिनों तक प्रयास करने के पश्चात मेरे चेतन मन में पटना के एक पंडाल की छवि आई।

वर्ष 1963 के आसपास मैं अपने पिता जी और दादा जी के साथ एक जलसा में भाग लेने गया था। उस समय मेरी उम्र लगभग ढाई-तीन वर्ष रही होगी। मैं दादा जी की ऊँगली पकड़ कर चल रहा था। अचानक उनकी ऊँगली मेरे हाथ से छूट गयी। मैंने चारों तरफ दृष्टि दौड़ाई, लोग ही लोग दिखाई दे रहे थे, लेकिन दादा जी और पिता जी नहीं दीख रहे थे। मैं दहाड़ें मार कर रोने लगा।

व्यवस्थापक-मन्डल के एक धोती-कुर्ताधारी बुजुर्ग मुझे गोद में उठाकर पुचकारते हुए मंच के पास ले गए। लाउडस्पीकर पर सूचना दी गयी,"

एक छोटा बच्चा अपने माँ-बाप से बिछड़ गया है और जोर-जोर से बिलख रहा है। जिस सज्जन का बच्चा हो, मंच के निकट आकर ले जाएँ।"

इस घटना का स्मरण होने के बाद मैं जब भी भीड़-भाड़ वाले स्थान पर घबड़ाने लगता, स्वयं को प्रेरणा देता था:- "अब मैं दो वर्ष का बच्चा नहीं हूँ कि खो जाऊँगा।"

अवसर ढूँढ कर मैं ऐसे स्थलों पर अभ्यास हेतु जाने लगा। शनैः-शनैः भीड़-भाड़ वाले स्थलों से मेरा भय समाप्त हो गया।

अभ्यास: जब क्रोध, डर, घृणा आदि अवांछित भावनाएँ अकारण आपके चेतन मन में खलबली मचाएँ तो आप एकांत में एक डायरी और कलम लेकर बैठ जाइए। अब क्रमबद्ध तरीके से भूतकाल में जाइए। अपने आप से पूछिए- "यह भावना सबसे पहले कब और क्यों आई थी?"

एक या अधिक बार प्रयास के उपरांत आपको भूतकाल की भावनात्मक गाँठ मिल जाएगी। गाँठ खोल लेने के बाद आपकी परेशानी क्रमशः दूर होती जाएगी।

अगले अध्याय में हम भूत काल की भावनात्मक त्रासदियों को शक्तिहीन करने की एक अन्य विधि पर चर्चा करेंगे।

x+x+

8

तटस्थ दर्शक बनें

"संसार एक नाटक है। इसका मंचन स्वप्न में किया जाता है।"
- गुरु नानक देव जी

इस पुस्तक को काफी हद तक मैं अभ्यास-पुस्तक बनाना चाहता हूँ। अतः अपने सुझाव के पक्ष में लम्बा-चौड़ा तर्क नहीं दे रहा हूँ। इसमें बताई गई विधियों को मैंने स्वयं परखा है, कुछ बातों को मेरे मित्रों ने भी परखा है और हमलोग परिणाम से पूरी तरह संतुष्ट हुए हैं।

यदि सच्चे हृदय से आप अपने अवचेतन मन का कचड़ा साफ करना चाहते हैं तो इनका अभ्यास करें। जितने अच्छे से आप इनका अनुपालन करेंगे, उतना ही अच्छा परिणाम होगा।

तटस्थ दर्शक विधि

एक कुर्सी पर सीधे बैठ जाएँ। पैरों को एक दूसरे पर रख लें। दोनों हाथ जाँघों पर रखकर आँखें बंद कर लें।

कल्पना करें, "आप एक भव्य सिनेमा हॉल के सामने खड़े हैं। हॉल के दरवाजे में विशाल गेट लगा है। आप गेट खोलकर अंदर जाएँ। पूरा हॉल खाली है। एक वी.आई.पी. सीट आपके लिए मोटे लाल तौलिये से सजी है। उस पर बड़े चमकते अक्षरों में "तटस्थ दर्शक" लिखा है। आप अपनी सीट पर आराम से बैठकर एक गहरी लम्बी साँस लीजिए और ओठों को गोल करके मुँह से छोड़िए।

विशाल रुपहले पर्दे पर आपकी दृष्टि जाते ही वहाँ वही घटना चलने लगती है जो आपके चेतन मन में आकर आपको बार-बार उद्वेलित करती है। वह घटना पूरी स्पष्टता से देखें।

घटना में कौन-कौन पात्र हैं? वे किस रंग के कपड़े पहने हैं? घटना कहां हो रही है? कौन क्या बोल रहा है? फिल्म का हीरो अर्थात आप क्या बोल रहे हैं?

यह काल्पनिक फिल्म देखते समय लंबी-लंबी साँसें लेकर मुँह के मध्य से छोड़ते रहिए और अपने आपको याद दिलाते रहिए कि यह मात्र एक फिल्म है और आप इसके तटस्थ दर्शक हैं।

पूरी घटना विस्तार से देखने के बाद अपनी आँखें खोलिए।

3-4 बार डायफ्राम-श्वसन लीजिए और गोल ओठों से छोड़ दीजिए।

धीरे से बोलिए- "इस घटना में शामिल सभी व्यक्तियों को मैं क्षमा करता हूँ। ईश्वर उन्हें अच्छा स्वास्थ्य, सुख, शांति, समृद्धि और सफलता दें। (यदि इस घटना में जाने-अंजाने आपने किसी को कष्ट पहुँचाया हो तो उससे भी कल्पना में क्षमा माँग लीजिए।

थोड़ी देर बाद उपर्युक्त प्रक्रिया पुनः दोहराइए। भावनाएँ पहले से कमजोर हो गयी होंगी।

यह प्रक्रिया तब तक दोहराइए, जब तक आपको उद्वेलित करने वाली नकारात्मक भावना पूरी तरह शक्तिहीन न हो जाए। (मुझे अभ्यास हो जाने के कारण एक-दो बार में ही वांछित फल मिल जाता है।)

अपनी सुविधानुसार एक-एक करके अन्य नकारात्मक भावनाओं को भी शक्तिहीन कर दीजिए।

इस विधि का पूर्ण विश्वास और श्रद्धा से पालन करने पर शनैः-शनैः आपके भूतकाल की सारी अवांछित घटनाएँ शक्तिहीन हो जायेंगी।

x+x+

9

मानसिक ब्लास्टिंग का लाभ उठायें

तटस्थ दर्शक बनकर काल्पनिक फिल्मी परदे पर जीवन की दुखद घटना देखने के पश्चात मैं कल्पना करता हूँ- "सुदर्शन चक्र सदृश्य एक चक्र सारे दृश्यों के छोटे-छोटे टुकड़े कर रहा है। तत्पश्चात मैं इन टुकड़ों को सूर्य देव की ओर भेज रहा हूँ। सूरज की प्रचंड ज्वाला में ये टुकड़े पटाखे फटने की ध्वनि के साथ धू-धू कर जल रहे हैं। उनकी राख धरती पर गिरकर हरे-भरे पौधों औऱ फूलों में परिणत हो रही है।"

तत्पश्चात मैं आंखें बंद कर के चित्रण करता हूँ- "मेरी इलेक्ट्रॉनिक पुस्तक अमेज़न (किंडल) पर बेस्ट सेलर बन गयी है।

कोरोना प्रतिबंधों की समाप्ति के 3 माह के अंदर इसके पेपरबैक संस्करण का भव्य विमोचन श्री कृष्ण मेमोरियल हॉल, पटना में हो रहा है। राज्य के गण-मान्य व्यक्ति वहाँ उपस्थित हैं। सबों ने पुस्तक को पसंद किया है। वे इसकी सराहना कर रहे हैं और मुझे शुभकामनाएँ दे रहे हैं। दर्शक जमकर तालियाँ बजा रहे हैं। पुस्तक पर मेरा ऑटोग्राफ लेने वालों की लम्बी कतार लगी है। परिवार के सदस्यों के साथ मैं अपने प्रशंसकों का अभिवादन करते हुए ऑटोग्राफ दे रहा हूँ। पुस्तक की सारी प्रकाशित प्रतियाँ बिक चुकी हैं। सैकड़ों प्रशंसक अपनी प्रति सुरक्षित और शीघ्र पाने के लिये अग्रिम मूल्य प्रकाशक के पास जमा कर रहे हैं। वातावरण हर्ष और उल्लास से सराबोर है।"

आपको उपर्युक्त विधि अटपटी लग रही होगी। लेकिन यह अत्यंत प्रभावशाली है।

जब कोई दुखद घटना आपके मस्तिष्क में आती है तो उससे सम्बन्धित दूसरी दुखद घटना भी स्वतः आपके मस्तिष्क में आ जाती है। इस तरह दुखद घटनाओं का कुचक्र आपको दुखी करता रहता है।

चेतन मन को सकारात्मक दिशा कैसे दें?

तटस्थ दर्शक की तरह दुखद फिल्म देखने के बाद आप घटना में शामिल सभी व्यक्तियों को स्वास्थ्य, सुख, शान्ति, सफलता और समृद्धि की हार्दिक कामना करके चक्र द्वारा उस घटना के छोटे-छोटे टुकड़े होकर सूर्य देवता की ज्वाला में पटाखों की तरह उड़ते देखेंगे तो आपके मस्तिष्क को संकेत जाएगा कि उक्त घटना आपके मस्तिष्क से निकलकर सूर्य देव की अग्नि में भष्म हो गयी।

उस घटना की राख धरती पर गिरकर हरियाली और रंग-बिरंगे फूलों में परिणत होने की कल्पना करके आप अपना महत्वपूर्ण लक्ष्य सजीव चित्रण के साथ पूरा होते देखेंगे तो आपका चेतन मन सकारात्मक बातों की कल्पना में लीन होकर आपके निर्धारित लक्ष्य को पूरा करने के नये तरीके खोजने लगेगा।

अपनी मनोकामनाएँ पूरी होने के चित्र की कल्पना पूरे वर्णन के साथ कीजिए।

आपकी मनोकामना किस तिथि को पूरी हो रही है?

उसका उत्सव कहाँ मनाया जा रहा है?

आपके कौन इष्ट मित्र उत्सव में उपस्थित हैं?

वे बधाइयाँ देते समय आप को क्या कह रहे हैं?

आप क्या उत्तर दे रहे हैं?

मानसिक ब्लास्टिंग के समय उपर्युक्त कल्पना करने के साथ ही रात्रि में बिस्तर पर सोने के पहले प्रतिदिन भी यह अभ्यास कीजिए।

ये चित्र आपके अवचेतन मन में गहरे पैठ जाएंगे। ईश्वर की कृपा से आपकी मनोकामनाएँ पूरी होंगी।

अवचेतन मन की शक्तियों और उपर्युक्त विधि के बारे में विस्तृत जानकारी के लिए निम्नलिखित पुस्तकें पढ़ें।

"Unlimited Power" By Tony Robbins.

"आपके अवचेतन मन की शक्ति" द्वारा जोसफ मरफी

अभ्यास:-

अगला अध्याय प्रारम्भ करने के पहले:-

1. अपने जीवन की एक घटना चुनें जो आपको बार-बार उद्वेलित करती है।
2. अपना एक लक्ष्य चुनें, जिसे आप निकट भविष्य में पाना चाहते हैं।

अब पिछले अध्याय में वर्णित "तटस्थ दर्शक विधि" और इस अध्याय में वर्णित "मानसिक ब्लास्टिंग विधि" का अभ्यास करें।

x+x+

10

'होओपोनोपोनो' ध्यान बुझाये पश्चाताप की ज्वाला

"पश्चाताप की धधकती ज्वाला क्षमा याचना के शीतल जल से शांत हो जाती है।"

पश्चाताप की अग्नि में जलने से अनेक बीमारियाँ होती हैं। जीवन बदलने वाला यह हवाइयन ध्यान अपनी गलती स्वीकारने, क्षमा माँगने, प्यार और आभार व्यक्त करने पर जोर देता है।

1. बिस्तर पर लेटते समय दो गहरे डायफ्राम अल्फा श्वसन करें। (श्वास डायफ्राम को खींचते हुए लें और गोल ओठों से छोड़ दें)

2. स्वयं-श्रव्य आवाज में "जाने दो, जाने दो।" दोहराएँ। कल्पना करें कि आपके मन की सारी नकारात्मकता और समस्याएँ आपके तलवों से बाहर जा रही हैं।

3. अपने हृदय पर ध्यान लाकर उस व्यक्ति को स्मरण करें जिसे आपने कष्ट पहुँचाया है। निम्नलिखित वाक्यों को बार-बार दोहराएं।

"मैं आपसे प्यार करता हूँ।

मुझे दुख है।

मुझे क्षमा करें।

धन्यवाद। आपने मुझे क्षमा कर दिया।"

नींद आने तक इन वाक्यों को दोहराते रहें।

इस प्रक्रिया के दौरान ध्यान में आपको विभिन्न चेहरे दिख सकते हैं। कोई चेहरा न भी दिखाई दे तो भी ये वाक्य हृदय पर ध्यान करके दोहराते रहें।

सोते समय 'हो ओपोनोपोनो ध्यान' करने से अनिद्रा में भी लाभ होता है।

यद्यपि आप इसे कभी भी और कहीं भी सुविधानुसार कर सकते हैं।

पहली बार यह ध्यान करने के पश्चात मुझे प्रतीत हुआ कि मेरे सिर से टनों भारी बोझ हट गया है।

हम जाने-अनजाने अनेक व्यक्तियों को चोट पहुंचाते हैं। ये घटनाएं वर्षों बाद भी हमें कचोटती रहती हैं।

यदि हम अहम् को भूलकर जाने-अंजाने हुई गलती के लिये क्षमा माँग लें तो हमारी प्रतिष्ठा कई गुणा बढ़ जाती है। जिन्हें हमने चोट पहुंचाई थी, वे सुलभ हों तो उनसे मिलकर क्षमा-याचना कर लेना सर्वोत्कृष्ट है। यदि यह सम्भव न हो तो कल्पना में भी क्षमा-याचना कर लेने से अवचेतन मन का बोझ हल्का होता है।

कोई हमें तंग करता है या हमारे मनोनुकूल कार्य नहीं करता है तो हमारे मन में बदले की भावना आती है। कभी-कभी हताशा में पीड़क को हम लोग मन ही मन गाली और श्राप भी देने लगते हैं। उसके प्रति हिंसक विचार भी पाल लेते हैं। यह दुर्भावना हमें ही हानि पहुंचाती है। अतः इस स्थिति में भी यह मंत्र दोहराने से आशातीत लाभ होता है।

जिन व्यक्तियों से मुझे घृणा थी, उनकी छवि भी हृदय में रखकर मैंने इस मंत्र का जाप किया।

परिणामस्वरूप मेरे मन में उनके प्रति पल रही दुर्भावना समाप्त हो गई। भविष्य में मैं उनसे मिला तो जीत-जीत के सिद्धांत के अनुसार सौहार्दपूर्ण वातावरण में बातचीत हुई।

इस मंत्र के श्रद्धापूर्वक समुचित जाप से आप अच्छे स्वास्थ्य की ओर उन्मुख तो होते ही हैं, साथ-साथ आपके व्यवासायिक-सम्बंध भी सुदृढ़ होते हैं।

'हो ओपोनोपोनो ध्यान' को जीवन बदल देने वाला चमत्कारिक ध्यान कहा जाता है। इसका लाभ अवश्य उठाएँ। दिन में भी जब चाहें और जहाँ चाहें आप यह ध्यान कर सकते हैं।

अभ्यास:- कुछ मिनटों के लिए आँखें बंद कर ऊपर बताई गई विधि से 'हो ओपोनोपोनो ध्यान' का अभ्यास करें।

यदि किसी का आपने जाने-अनजाने कष्ट पहुंचाया है तो फ़ोन पर या व्यक्तिगत तौर पर उससे मिलकर खेद व्यक्त करें।

मेरे एक जैन धर्मावलंबी मित्र ने एक दिन मुझे संदेश भेजा जिसमें लिखा था कि जाने-अनजाने हुई भूलों के लिए वे क्षमा मांगते हैं। पूछने पर उन्होंने बताया कि उनके धर्म में क्षमा मांगने की शिक्षा दी जाती है। एक विशेष दिन क्षमा याचना पर्व की तरह मनाया जाता है।

क्षमा-याचना और क्षमा-दान की आवश्यकता पर कुछ वर्षों पहले मैंने एक रुचिकर लेख लिखा था, जिसे मेरे मित्रों ने काफी सराहा था। उक्त लेख कुछ संशोधनों के पश्चात प्रस्तुत है।

x+x+

10

(अ): क्षमायाचना और क्षमादान: बुद्धिमान की है पहचान

"कुछ इस तरह मैंने ज़िंदगी को आसान कर लिया, किसी से माँग ली माफ़ी, किसी को माफ़ कर दिया।"
- मिर्ज़ा ग़ालिब

मैं दस माह की भतीजी सान्या को गोद में घूमा रहा था। तभी मोबाइल की घंटी बजी। एक मित्र का फ़ोन था, जो ऊँचे पद पर पहुँच गए थे। मैंने मल्टी-टास्किंग करने की ठानी, सान्या को दाहिने हाथ से घुमाता रहा और बायें हाथ से मोबाइल पकड़ कर बातें करता रहा।

बात-चीत लम्बी खींच गई थी। इसी बीच मेरी धर्मपत्नी सान्या को नहलाने के लिए मांगने आई। सान्या जाना नहीं चाहती थी, पुनीता उसे जबरदस्ती मेरी गोद से खींचने लगी। सान्या आ-उँ करके विरोध दर्ज कर रही थी तथा मेरी गोद में एकदम चिपकी हुई थी।

अचानक अपने मित्र को मैंने फ़ोन रखने के लिए कह दिया। मेरा स्वर भी अनायास ही अवांछनीय हो गया। मुझे अत्यंत आत्मग्लानि हुई। मैंने अगले दिन खेद प्रकट करने का निश्चय किया।

दूसरे दिन मैंने उन्हें फ़ोन किया, उन्होंने मुझे जो कार्य दिया था, उसकी प्रगति भी उन्हें बताई। लेकिन संकोचवश क्षमा नहीं माँग पाया। यद्यपि मेरे मित्र ने सहृदयता का परिचय देते हुए मुझे माफ़ कर दिया था। इस घटना के बाद जब भी वे मुझसे मिले तो पहले

जैसी ही गर्मजोशी से मिले। अतः मेरे मन में उनके प्रति कई गुणा सम्मान बढ़ गया।

मैनें भी इस घटना से सीख ली, अब ऐसे अवसरों पर मैं शालीनता से कॉल बैक करने का वादा कर देता हूँ।

ऐसी ही एक घटना कुछ महीने पहले मेरी शाखा में घटी। मेरे 35 वर्ष पुराने मित्र ने फ़ोन करके अपने खाते की विवरणी लाने के लिए कहा। मैनें उन्हें बताया कि अभी बहुत भीड़ है, मैं शाम में लेता आऊँगा। वे वार्तालाप लम्बी खींचने के मूड में थे। मैंने उनसे पुनः अनुरोध किया कि अभी भीड़ में हूँ, मुझे छोड़ दीजिए; शाम में मैं विवरणी अवश्य लेता आऊँगा, लेकिन उन्होंने ध्यान नहीं दिया। अचानक मेरी आवाज अवांछनीय हो गयी। उन्होंने फ़ोन रख दिया।

35 वर्ष पहले हम दोनों अगल-बगल काउंटर पर बैठकर काम करते थे। अब वे अवकाश प्राप्त हैं। उनके प्रति किए गए मेरे कठोर व्यवहार ने मेरा कलेजा कचोट कर रख दिया।

शाम में घर पर मैंने ग्लूकोमीटर से ब्लड-शुगर जाँचा। वह काफी कम था। मीठा खाकर ब्लड-शुगर सामान्य करने के पश्चात मैंने अपने मित्र को फ़ोन करके खेद जताया, तब मन हल्का हुआ।

दीर्घायु, प्रसन्न, और स्वस्थ रहने के लिए आप क्षमा-दान और क्षमा-याचना के गुण अपना लीजिए।

लाभ का सौदा

अपनी गलती स्वीकार कर क्षमा मांगना लाभ का सौदा होता है।

1977 में कांग्रेस की अप्रत्याशित और शर्मनाक हार के पश्चात जब बलि का बकरा खोजा जा रहा था, श्रीमती इंदिरा गांधी ने पराजय की सारी जिम्मेदारी अपने सिर पर ले ली। उनके विरोधियों ने भी श्रीमती गाँधी के इस साहस की भूरी-भूरी प्रशंसा की।

अपनी गलती स्वीकार कर खेद व्यक्त करने और इष्ट मित्रों की गलतियों को क्षमा कर देने की आदत घर, दफ्तर और संगठन में मेरी कठिनाइयाँ काफी कम कर देती है।

किसी चीज को प्रतिष्ठा का प्रश्न बनाने से अशांति और हानि के अतिरिक्त शायद ही कुछ मिलता होगा। स्वामी विवेकानंद, महात्मा गांधी, अब्राहम लिंकन जैसे महापुरुषों का यश उनकी विनयशीलता और क्षमाशीलता के कारण ही चारों दिशाओं में फैल रहा है।

एक शायर ने बिलकुल ठीक फ़रमाया है--

"झुकता वही है जिसमें जान होती है।
अकड़ना तो मुर्दे की पहचान होती है॥"

राष्ट्रकवि दिनकर ने लिखा है:-

"सहनशीलता, क्षमा, दया को
तभी पूजता जग है
बल का दर्प चमकता उसके
पीछे जब जगमग है।"

महान और शक्तिशाली व्यक्तियों की क्षमाशीलता या क्षमा-याचना चहुँमुखी सराही जाती है, लेकिन निर्बल व्यक्ति भी इन गुणों को अपनाकर प्रेमचंद की अमर कृति "रंगभूमि" के सूरदास की तरह महान बन जाते हैं।

अभ्यास:-

1. उस व्यक्ति की छवि अपने हृदय में लाएँ जिसके प्रति आप अत्यंत आक्रोशित रहते हैं

2. उसे सम्बोधित करते हुए मन ही मन बोलें- *"तुम्हारे प्रति मेरे मन में पल रहा आक्रोश मुझे ही हानि पहुँचाता है। अपनी*

शांति और स्वास्थ्य के लिए मैं तुम्हें क्षमा करता हूँ। मैं अपने हृदय और अवचेतन से तुम्हें मुक्त करता हूँ।"

यह कम से कम 51 बार दोहराएँ। इसे नियमित रूप से तब तक दोहराएँ जब तक उस व्यक्ति की छवि आपके मन मस्तिष्क से धूमिल न हो जाए।

इसका यह अर्थ कत्तई नहीं है कि अपराधी को उसके अपराध की सजा नहीं दी जाए। सजा देने के लिए सक्षम पदाधिकारी के समक्ष मामला अवश्य प्रस्तुत करें। भविष्य में उस व्यक्ति से सतर्क भी रहें। मेरा तात्पर्य सिर्फ यह है कि उसके प्रति आक्रोश पालकर अपनी शांति और स्वास्थ्य की हानि नहीं करें।

नकारात्मक ऊर्जा कभी-कभी बुरी तरह चिपक जाती है। अतः अंतिम अस्त्र के रूप में किसी तकिया या रुई के गद्दा को मुट्ठी बाँधकर मारने से नकारात्मक ऊर्जा निकलती है। ऐसा आप 5 से 10 मिनट प्रतिदिन कर सकते हैं। हाथों में चोट न लगे इसकी सावधानी रखें। इस अभ्यास के बाद परम पिता से सबको सुख, सद्बुद्धि और समृद्धि देने के लिए प्रार्थना करें। अवचेतन मन के सिद्धांत के अनुसार परम पिता से आप दूसरों के लिए जो माँगते हैं, वह आपको भी मिलती है।

x+x+

11

कोविड 19 से भी अधिक संक्रामक है - खीझ

"खीझ के आगमन पर प्रसन्नता विदा हो जाती है।"

एक सज्जन को उनके बॉस ने हड़का दिया।

वे भद्र पुरुष दिन भर अपने साथियों की खबर लेते रहे; किसी न किसी बात पर आगंतुकों पर भी झुंझलाते रहे। शाम को घर में चरण रखते ही

उन्होंने अपनी अर्धांगिनी को भी जली-कटी सुना दी।

श्रीमति जी का पारा भी सातवें आसमान पर चढ़ गया। उनका एक वर्ष का दुलारा बेटा तुतलाती आवाज में मम्मी-मम्मी कहकर उनकी गोद में दुलार कराने आया। श्रीमती जी का हाथ गुस्से में कब चल गया, इसका उन्हें भी होश न रहा। सुपुत्र के मुलायम गाल पर थप्पड़ का लाल निशान बन गया।

हत्प्रभ बालक ने अपने माता-पिता की ओर कातर भाव से देखा, फिर दहाड़ मार कर रोने लगा। बालक के दादा-दादी भी क्रोध से लाल-पीले होने लगे।

एक खीझ ने पूरे परिवार की शांति और नींद नष्ट कर दी।

जिन लोगों को ये महानुभाव दिन भर हड़काते रहे, उनके परिवारों का क्या हाल हुआ होगा? इसका अनुमान आप सहज ही लगा सकते हैं।

एक सीधा प्रश्न

कल्पना करें- "आप किसान हैं। आपको कहीं से अफीम के बीज हाथ लग गए।"

क्या आप उनको अपने खेत में बोएंगे या अपने सगे-संबंधियों को उपहार में देंगे?

अपने खेत में बोएंगे तो भारी मात्रा में अफीम पाएंगे। अपने सगे-संबंधियों में बाँटेंगे तो उनके यहां भी अफीम की भरपूर पैदावार होगी।

अतः अफीम के घातक बीजों को अविलंब नष्ट कर देना ही बुद्धिमानी है।

आपका कोई दुखी मित्र, बॉस या अजनबी आपको मानसिक पीड़ा दे दे तो उस खीझ को भी वहीं फेंक देना लाभ का सौदा है।

आप अवश्य ही मेरे सुझाव पर हँस रहे होंगे क्योंकि यह कार्य आसान नहीं है।

करत-करत अभ्यास के, जड़मति होत सुजान।

जिस तरह आपने अभ्यास से मोटरसाइकिल या कार चलाना सीख लिया; जिस तरह आपने बचपन में अभ्यास करके क, ख, ग, घ, लिखना सीख लिया; जिस तरह अधिकांश लोगों ने अभ्यास से वाकपटु होना सीख लिया, उसी तरह अभ्यास से आप बिना बुलाये अपने कन्धों पर चिपकी खीझ को भी मीलों दूर फेंक सकते हैं।

कोरोना संक्रमित मास्क की तरह खीझ को दूर फेंक कर आप अपने और अपने इष्ट मित्रों के जीवन को शांत और सुखी बना लेंगे और शांतिपूर्वक कार्य करके अपनी आकांक्षाएँ सुलभता के साथ पूरी कर लेंगे।

खीझ से निपटने के लिए मैं आपको कुछ व्यावहारिक सुझाव देता हूँ।

1. *भावनात्मक खातों में उदारता के साथ सद्भाव जमा करें।*

"ईश्वर आपको सपरिवार खुश रखें। आपकी सारी मनोकामनाएं पूर्ण करें।"

यह पढ़कर आपको कैसा लगा?

यदि अच्छा लगा तो अपने मित्रों और शुभचिंतकों को भी ये शब्द सुनाते रहिये। इससे उनके मन में आपके प्रति भावनात्मक लगाव और प्यार बढ़ेगा। यदि आपकी कोई बात उन्हें अच्छी नहीं भी लगी तो वे आपका सम्मान करते हुए अपनी बात प्यार से रखेंगे।

ध्रुव नारायण बाबू मेरे पुराने मित्र हैं। शाखा बरुआरी में वे मेरी बहुत सहायता करते थे। बैंक के काम में वे पूरी तरह लीन रहते थे। उन दिनों मैं नया-नया प्रबंधक बना था, अतः उनकी सहायता से शाखा की नाव खे रहा था। एक दिन किसी बात पर ध्रुव बाबू झल्ला गए और मेरी तीखी आलोचना करने लगे।

ऐसे मौकों पर मैं प्रायः भीड़ जाता था, लेकिन मैं चुप रहा, क्योंकि मुझ पर उनके बहुत अहसान थे।

प्रख्यात लेखक स्टीफन. आर. कवि ने भी अपनी बेस्ट सेलर पुस्तक "अति महत्वपूर्ण लोगों की सात आदतें" के पांचवें अध्याय में" भावनात्मक खाता" की चर्चा की है।

जिस तरह बैंक में आप खाता खोलते हैं, उसी तरह आपके सम्पर्क के प्रत्येक व्यक्ति के मन में आपका एक भावनात्मक खाता होता है। जब आप उसके साथ अच्छा व्यवहार करते हैं या उसको सहयोग/ भावनात्मक संबल देते हैं तो उस व्यक्ति के मन में आपके लिए सम्मान और प्यार बढ़ जाता है। जब तक किसी के मन में आपके लिए सम्मान और प्यार रहता है, उसके द्वारा आपके प्रति दुर्व्यवहार की सम्भावना नहीं रहती है।

2. *तत्काल तर्क-वितर्क से बचें*

यदि आपका कोई मित्र आपकी आलोचना करे तो तत्काल तर्क-वितर्क न करें। उसकी बात ध्यान से सुनें।

हो सकता है कि उसे भी किसी की आलोचना झेलनी पड़ी हो।

अतः उसके सुख, समृद्धि और शांति के लिए ईश्वर से प्रार्थना करें। आपके साथी भी आपकी तरह मनुष्य हैं, उनके प्रति सहानुभूति रखें। सभी को अच्छे कार्य और व्यवहार से खुश रखें। बाद में उचित अवसर पर विवेकानुसार अपनी बात रखें।

3. *हँसी के साथ खीझ उड़ा दें।*

पर्याप्त सतर्कता के बावजूद भी अवांछित स्थिति पैदा हो जाए तो:-

अपने साथियों को इसके बारे में खुलकर बताएँ।

जी खोलकर अकेले में मूक हँसी हँसें। आपका मस्तिष्क कृत्रिम और वास्तविक हँसी में बिना भेद किये एंडोर्फिन हार्मोन प्रवाहित करता है। एंडोर्फिन आपको प्रसन्न कर देता है।

अपने साथियों को चुटकुला सुनाकर उनके साथ भी हँसेंगे तो यह खीर में मेवा डालने जैसा परिणाम देगा।

मैं तो बैंकिंग जैसे गंभीर विषय में भी सीधी-सादी बात ऐसे ढंग से कहता हूँ कि सुनने वाले अपनी हँसी नहीं रोक पाते हैं।

मेरा एक स्टाफ कई दिनों बाद अवकाश से लौटा। उसने मुझे एक गिलास शीतल जल पिलाया। मैंने अविलम्ब सभी साथियों को गंभीर मुद्रा में बताया कि ये जनाब आते ही अपने जिला समन्वयक को पानी पिलाने लगे। यह सुनकर सब खिलखिला कर हँस पड़े।

मेरे एक मित्र जितेंद्र बाबू भी हास्य-रस में निपुण हैं। मैंने एक बार उन्हें धन्यवाद दिया। वे कहने लगे, "हम धनबाद नहीं लेंगे।" मैंने कहा, "अहमदाबाद या हैदराबाद ले लीजिए।"

इस पर हम दोनों हँसने लगे।

कुछ घड़ियों के लिए झूठ-मूठ ही हँस लीजिए। आपका मन तरोताजा हो जाएगा।

चंद मिनट समय निकाल कर तटस्थ दर्शक और मानसिक ब्लास्टिंग विधि का भी लाभ उठाएँ।

संभवतः आपका मूड कार्यालय में ही ठीक हो जाएगा, फिर भी कुछ कसर रह जाए तो शाम में घर पहुँचकर भी प्रक्रिया संख्या 2 दोहराएँ।

परिवार भी महत्वपूर्ण

आपके परिवार के सदस्य कार्यालय के सहयोगियों से भी महत्वपूर्ण हैं। आप सारे उपक्रम परिवार की खुशी के लिए ही करते हैं। यहाँ सौहार्द बनाये रखना आपकी बड़ी जिम्मेदारी है। अतः कार्यालय में व्यवहृत वाकपटुता और धैर्य घर में भी बनाये रखें।

अभ्यास:-

1. इस लेख को कम से कम 5 बार पढ़ें।
2. इसकी मुख्य बातों को नोटबुक में लिखें।

x+x+

12

"क्या, क्यों, कैसे" विधि से क्रोध और अन्य समस्याओं का निदान कैसे करें?

"क्रोध की अग्नि क्रोध करने वाले को ही जलाती है।"

क्रोध पर नियंत्रण करना मेरे लिए बड़ी चुनौती थी।

"क्या, क्यों, और कैसे" विधि का उपयोग कर मैंने निम्नलिखित विधि से क्रोध को नियंत्रित किया।

1. मैं डायरी में स्पष्ट लिखता हूँ कि क्या घटना हुई थी? मैं घटना का पूरी तरह वर्णन करता था।

2. मुझे क्यों क्रोध आया?

   क्रोध आने का ट्रिगर क्या था? (जिस तरह ट्रिगर दबाते ही बंदूक से गोली छूटती है, उसी तरह मुझे अचानक क्रोध आता था।)

   मैं "ट्रिगर अर्थात कारण" स्पष्ट लिखता था।

   ट्रिगर का ज्ञान हो जाने से मुझे आधी विजय मिल जाती थी।

3. मुझे पता चल गया कि किस ट्रिगर के कारण क्रोध आया। अब मैं लिखता था," भविष्य में क्रोध को कैसे रोकूँ?"

इस उपयोगी विधि का प्रयोग कर घृणा, ईर्ष्या या बार-बार होने वाली गलतियों से भी आप छुटकारा पा सकते हैं।

1. झूठ बोलने वालों पर अचानक क्रोधित होना मैंने कैसे ठीक किया?

क्या समस्या थी?

झूठी बातों से मुझे अत्यंत घृणा थी।

समस्या क्यों पैदा हुई?

बचपन में एक निकट सम्बन्धी मुझे झूठे वादे करते थे। वादे पूरे न होने पर मेरे बाल-मन को अत्यंत कष्ट पहुँचता था।

कैसे मैंने समस्या का समाधान खोजा?

सारे मनुष्यों में अनेक कमियाँ हैं। मैं भी पूर्ण नहीं हूँ। किसी से पूर्णता की आशा करना बेमानी है। मुझे इस अपूर्ण संसार में अपने जैसे अपूर्ण मनुष्यों के साथ धैर्य और पटुता के साथ रहना है।

2. एक बार फ्लिपकार्ट पर मुझे 80 रुपए अधिक देने पड़े। मैंने उपरोक्त विधि का उपयोग किया।

क्या हुआ था?

फ्लिपकार्ट पर मुझे 80 रुपए अधिक देने पड़े।

गलती क्यों हुई?

मैंने 300 रुपए से अधिक की दो वस्तुओं का अलग-अलग ऑर्डर दिया। दोनों में 40 रुपए प्रति ऑर्डर के हिसाब से मैंने 80 रुपया कुरियर प्रभार दिया, जबकि 600 रुपए से अधिक के एकीकृत ऑर्डर पर कुरियर प्रभार नहीं लगता है। मैंने यह नियम पहले नहीं पढ़ा था।

भविष्य में मैं कैसे गलती रोकूँ?

अब मैं कोई भी कार्य करने के पहले सम्बंधित नियम अच्छी तरह पढ़ लूँगा।

महान गुरुभक्त आरुणि ने भी "क्या, क्यों और कैसे विधि" का उपयोग इस तरह किया होगा।

"क्या समस्या है?

गुरुदेव के खेत से लगातार पानी बाहर बह रहा है।

समस्या क्यों पैदा हुई है?

मूसलाधार वर्षा के कारण खेत का मेड़ टूट गया है। मिट्टी डालने से पानी की तेज धार नहीं रुक रही है।

इसका समाधान मैं कैसे करूँ?

अंधेरा हो रहा है। कल सुबह के पहले कोई सहायता नहीं मिल पाएगी, लेकिन तब तक खेत का सारा पानी बह जाएगा और फसल नष्ट हो जाएगी। अतः सहायकों के आने तक मैं टूटे मेड़ पर लेट जाता हूँ।"

उपर्युक्त विधि का प्रयोग डायरी में लिखकर करें। लिखने से विचार स्पष्ट हो जाते हैं। भविष्य में भी आप उन्हें दोहरा सकते हैं।

डायरी उपलब्ध न होने पर मैं मोबाइल-नोट में ही यह अभ्यास कर लेता हूँ।

अभ्यास:-

अपनी एक समस्या चुनें। इस विधि का प्रयोग कर डायरी/नोटबुक में लिखते हुए अपनी समस्या का हल निकालें।

x+x+

13

उदासी को अवसाद में परिणत नहीं होने दें।

"हे प्रभु , मुझे धैर्य दीजिए ताकि मैं उन वस्तुओं को स्वीकार लूँ, जिन्हें मैं बदल नहीं सकता हूँ; मुझे शक्ति दीजिए ताकि उन चीजों को मैं बदल दूँ, जिन्हें मैं बदल सकता हूँ; मुझे सद्बुद्धि दीजिए ताकि मैं दोनों में अंतर समझ सकूँ।"

- अज्ञात

अवसाद आस्तीन का साँप होता है। इसका शिकार स्वयं को भला-चंगा समझता है। चिकित्सकीय परामर्श या किसी प्रकार की सहायता लेने में अपमान समझता है।

अवसाद कब डँस लेगा, यह कोई नहीं जानता है। अनेक बार तो यह डँस भी लेता है और शिकार को पता भी नहीं चलता है। इसके शिकार तड़प-तड़प कर प्राण त्याग देते हैं।

यह शैतान आपको अपने कब्ज़े में ले, इसके पहले ही इसे मार डालें। इस हेतु-

लचकने वाले व्यायाम, जोग्गिंग सह टहलना और प्रेरणादायक/धार्मिक साहित्य का पठन-पाठन आदि करें।

आस्तिक लोग इस खतरनाक आधि से सुरक्षित होते हैं, क्योंकि प्रत्येक घटना को ईश्वर की इच्छा मानकर वे उसे सहर्ष स्वीकार लेते हैं।

भूतकाल के सुखद क्षणों के बारे में चर्चा करने से अवसाद दूर रहता है। अतः अपने परिजनों से साथ बिताए गए मौज-मस्ती के पलों की चर्चा करते रहें।

उन सभी वस्तुओं से दूर रहें, जो किसी दुर्घटना की याद दिलाकर आपको दुखी बनाते हैं।

पूरी श्रद्धा से निम्नलिखित मुहावरों/श्लोकों को दोहराते

रहने से अवसाद आपके नजदीक नहीं फटकेगा।"

1. कर्मण्येवाधिकारस्ते मा फलेषु कदाचना। मा कर्मफलहेतुर्भुर्मा ते सङ्गोस्त्वकर्मणि। (कर्म करना हमारा अधिकार है, फल देना ईश्वर का अधिकार है। ईश्वर जो भी फल देंगे, उसे हम सहर्ष स्वीकार करेंगे और भविष्य में भी पूरी तन्मयता से कर्म करते रहेंगे।

2. हे प्रभु, आपके द्वारा दिये गए माइंडफुलनेस के वरदान को मैं अपने मन और रोम-रोम में समाहित कर रहा हूँ।

3. वर्तमान साधेंगे, भविष्य सधेगा।

4. पूरे ब्रह्माण्ड का केंद्र-बिन्दु मैं नहीं हूँ, सारी चीजें मेरी इच्छा अनुसार नहीं हो सकती हैं। कुछ चीजें मेरे पुरुषार्थ अनुसार हो सकती हैं।

5. प्रभु, आपके द्वारा दिये गये प्रो- एक्टिविटी के वरदान को मैं अपने मन और रोम-रोम में समाहित कर रहा हूँ।

जिम रॉन ने कहा है," *जो आपके पास है, उससे खुश रहिए और जो चाहते हैं उसके लिए अनवरत प्रयत्नरत रहिए।"*

उपर्युक्त का आप जितना अधिक अभ्यास करेंगे, उतनी ही गहराई से ये अच्छी बातें आपके अवचेतन में बैठ जायेंगी।

इन सारे उपायों के बावजूद किसी को अवसाद घेर ले तो अपने मित्रों और निकट संबंधियों से निस्संकोच राय लेना चाहिए क्योंकि शत्रु पहचाने जाने के बाद कम खतरनाक रह जाता है।

अवसाद ज्यादा गहरा और खतरनाक हो तो चिकित्सीय परामर्श लें।

अवसाद का शत-प्रतिशत इलाज संभव है, बशर्ते कि इसे शीघ्र पहचान कर इसका तत्क्षण उपचार कर दिया जाये।

अवसाद गंभीर बीमारी है, इसके शिकार के प्रति पूरी सहानुभूति रखें और उसकी भावनाओं को समझने की पूरी कोशिश करें।

अवसादग्रस्त व्यक्ति मुफ्त अचिकित्सीय परामर्श हेतु मुझे winner19000@gmail.com पर लिख सकते हैं। बिना किसी जिम्मेदारी के मैं उनको उचित परामर्श दूँगा।

अभ्यास:-

1. इस लेख को कम से कम 5 बार पढ़ें।
2. इसकी मुख्य बातों को नोटबुक में लिखें।

x+x+

14

उस सुबह मैंने अवसाद को कैसे खदेड़ा?

4 मार्च, 2017 को बेहद दुखी अवस्था में मैंने बिस्तर छोड़ा। मेरा पूरा शरीर आलस से भरा था। कोई कार्य करने का मन नहीं कर रहा था। मुझे पूरा संसार निरर्थक लग रहा था।

केन लेकर भारी मन से दूध लेने मैं लक्ष्मी नारायण नगर स्थित मुकेश जी के खटाल पर गया। इस क्रम में मैं रामकृष्ण आश्रम भी टहलने चला गया। आश्रम में करीने से रोपे गए रंग-बिरंगे फूल खिले थे। हरे-भरे पेड़ों पर चिड़ियाँ चहचहा रहीं थीं। कुछ देर वहाँ टहलने से मेरी दु:खी आत्मा को बड़ा सकुन मिला।

घर लौटकर मैं पहले से अच्छा अनुभव कर रहा था। अब यह संसार उतना निरर्थक नहीं लग रहा था।

फिर भी कार्यालय जाने की इच्छा नहीं थी। जी चाहता था कि आकस्मिक अवकाश लेकर घर में ही बैठूँ। तभी मुझे डेविड श्वार्ट्ज की पुस्तक 'बड़ी सोच का बड़ा जादू' की वह सीख याद आ गई जिसमें मूड बनाने का अचूक मंत्र दिया था।

"यदि किसी करने योग्य कार्य को करने का आपका मन नहीं हो तो भी आप उस कार्य में तत्क्षण जुट जाएँ। आप स्वतः कार्य में लीन हो जाएंगे।"

अपराध विज्ञान भी कहता है कि प्रारम्भ में प्रत्येक व्यक्ति अपराध से घृणा करता है। लेकिन,परिस्थितिवश उसमें संलग्न होने के पश्चात वह उसे सहने लगता है और कालांतर में आदतन अपराधी बन जाता है।

अतः स्नान-ध्यान करके मैंने अपनी सफेद मारुती कार स्टार्ट की और कार्यालय चल पड़ा।

एक पुरानी समस्या शाखा में हमें लम्बे समय से परेशान कर रही थी। उसके समाधान हेतु मैंने अपने साथी रंजन जी को बुलाया था। लम्बे, छरहरे और स्मार्ट रंजन जी नियत समय से दस मिनट पहले ही पहुँच गए। हम लोग पूरी तन्मयता से कार्य में जूट गए। दो घंटे में ही चमत्कार हो गया। जो समस्या शाखा को मेरे योगदान के पहले से परेशान कर रही थी, उसका आसान समाधान सहसा मेरे मस्तिष्क में कौंध गया।

फिर क्या था ! सारे स्टाफ सदस्यों ने महाराज दुग्ध भंडार के केसरिया रसमाधुरी से मुँह मीठा कर प्राप्त उपलब्धि का आनंद लिया। घर वापसी के दौरान गैरेज में कार पार्क करते समय मेरे पांव जमीन पर नहीं पड़ रहे थे।

उपलब्धि हार्मोन डोपामाइन ने मेरे तन-मन को हल्का कर दिया था। वह शाम पत्नी और बच्चों के साथ आनंददायक बीती। रात्रि-निद्रा भी मधुर रही।

अभ्यास:-

1. जो करने योग्य कार्य काफी समय से लंबित हैं। उनमें से ऐसा कार्य चुनें जिसे करना आवश्यक हो वह एकदम कठिन नहीं हो, लेकिन चुनौतीपूर्ण हो।
2. उस कार्य को करना प्रारम्भ करें और उसे समाप्त कर प्राप्त उपलब्धि से अपनी उदासियों को धो दें।

15

इस ब्रह्मांड का केंद्र-बिन्दु मैं नहीं हूँ

"आपका अहंकार आपको मिटाए,
इसके पहले आप अहंकार मिटा दें।"
- Maxime Lagace

पहले मैं स्वयं को ब्रह्माण्ड का केंद्र-बिन्दु मानता था। मैं चाहता था," सारे कार्य मेरी इच्छानुसार हों।"

ताले में चाभी पल भर के लिए फँस जाती थी या जूते पहनते समय फीता बाँधने में सेटिंग ठीक नहीं होती थी या कार सेल्फ दबाते ही नहीं स्टार्ट होता था तो मैं झुंझलाने लगता था।

कोई मेरी इच्छानुसार बात या कार्य नहीं करता था तो मेरे आन्तरिक खीझ और क्रोध सारी सीमाएँ लांघ जाते थे। परिणामस्वरुप, मैं हमेशा रोगों से ग्रस्त रहता था, जिसका वर्णन मैंने प्रस्तावना में किया है।

एक बार ब्रह्माण्ड के बारे में जानने की मेरी इच्छा हुई।

गूगल-खोज करने पर मैंने पाया:- "ब्रह्माण्ड का वास्तविक आकार किसी को नहीं मालूम है। अवलोकन योग्य आकार के अनुसार इसका अनुमानित व्यास 93 बिलियन प्रकाश वर्ष है।" (एक बिलियन में 100 करोड़ होते हैं और एक प्रकाश वर्ष 9.46 ट्रिलियन किलोमीटर के बराबर होता है।)

ब्रह्मांड में 2 ट्रिलियन या अधिक आकाशगंगाएँ हैं। प्रत्येक आकाशगंगा में करोड़ों तारे हैं। इन्हीं तारों में एक हमारे सूर्य देवता हैं। जिनके चारों ओर परिक्रमा करने वाले तेरह ग्रहों में एक पृथ्वी है।

पृथ्वी की अनुमानित जनसंख्या 7.80 बिलियन अर्थात 780 करोड़ है, जिसमें मैं एक हूँ।

ईश्वर के निर्माण की अतिविशालता देखकर मैं अचंभित रह गया। मैंने तत्क्षण निर्णय लिया कि मुझे अपने आपको ब्रह्माण्ड का केन्द्र बिन्दु समझने का कोई अधिकार नहीं है।

अब मैं अपना कर्म करता हूँ और ईश्वर की इच्छा पर फल छोड़ देता हूँ।

ईश्वर की इच्छा और ब्रह्माण्ड की गति के साथ अपने आप को ढालता हूँ। ईश्वर मेरे पुरुषार्थ और लगन के अनुसार उचित फल देंगे, यह विश्वास करता हूँ।

अपरिमित ब्रह्मांड के निर्माता परम पिता की शरण में मेरा अनावश्यक खीझ और क्रोध कपूर की भाँति उड़ गए और मुझे अनेकों प्रकार के रोग से छुटकारा भी मिल गया।

16

क्या हमारा रिमोट-कंट्रोल हमारे विरोधी रखते हैं?

"मेरी अनुमति के बिना कोई भी मुझे ठेस नहीं पहुंचा सकता है।"
- महात्मा गाँधी

मुझे वे दिन याद हैं, जब चैनल बदलने के लिये हमलोग दौड़-दौड़ कर टेलीविज़न के कान मरोड़ने जाते थे।

रिमोट-कण्ट्रोल आने से जीवन आसान हो गया। आप फिल्मी गाने का आनंद ले रहे हैं, और समाचार देखने की इच्छा हुई, आपने झट से बटन दबाई और न्यूज़ चैनल पर चटपटे समाचार आने लगे।

हमारे साथ भी यही होता है। कोई व्यक्ति आकर कहता है, "साहब! आपके जैसा सज्जन मैंने आजतक नहीं देखा, आप तो साक्षात ईश्वर के दूसरे रूप हैं।

बस फिर क्या! हमारे तो पाँव ही धरती पर नहीं पड़ते हैं। हम सातवें आसमान में उड़ने लगते हैं। जालसाज इसी कमजोरी का लाभ लेकर हमें ठग लेते हैं।

दूसरा व्यक्ति भौंहें चढाए आता है और चिल्लाकर कहता है," आपके जैसा आलसी मैंने आज तक नहीं देखा। एक घंटे से मैं खड़ा हूँ, आप मेरा काम नहीं कर रहे हैं।

बस फिर क्या! हम लड़ने पर आमादा हो जाते हैं। कार्यस्थल पर तो दिन भर खीझ बनी ही रहती है, घर आकर अर्धांगिनी और बच्चों पर भी गुस्सा उतारते हैं।

यही नहीं सपने में भी जो सामने आता है, उसकी भी ऐसी-तैसी कर देते हैं।

आत्ममंथन की आवश्यकता

हमें आत्ममंथन करने की आवश्यकता है:- "क्या हमारे मस्तिष्क और मूड का रिमोट कंट्रोल हमारे विरोधी रखेंगे?

क्या वे जब चाहें झूठी प्रशंसा द्वारा हमें खुश करके अपना मतलब साध लेंगे या जब चाहें हमारी आलोचना करके हमें दुखी या क्रोधित कर देंगे?

आप कहेंगे- "यह तो मानवीय कमजोरी है।"

मैं कहता हूँ- "आप विशिष्ट हैं। आप भीड़ से अलग हैं क्योंकि आप अपनी कमियों को सुधारने के लिए प्रयत्नशील हैं और अच्छी पुस्तकों के पठन-पाठन में लीन हैं।"

मैंने अनेक अवसरों पर स्वाभाविक प्रतिक्रिया से अलग हटकर व्यवहार किया है और लाभ उठाया है।

"अनेक अवसरों पर मेरे पास क्रोध से तमतमाते ग्राहक आए। मैंने प्यार के साथ उनसे बैठने का आग्रह किया। उन्हें शीतल जल और कैंटीन की चाय पिलाई। उनकी शिकायतें ध्यान से सुनीं और यथासम्भव उनका निवारण किया।

वे न सिर्फ मुस्कराते हुए गए बल्कि शाखा के अच्छे ग्राहक बन गए। इनमें से कई तो मेरे व्यक्तिगत मित्र भी बन गए।"

"अति प्रभावकारी लोगों की सात आदतों" में लेखक श्री स्टीफन. आर.कवि. ने प्रोएक्टिव बनने की सलाह दी है। किसी घटना पर हम स्वाभाविक रूप से जो प्रतिक्रिया देते हैं, उससे हटकर अन्य *श्रेष्ठ विकल्पों को खोजना श्रेयस्कर होता है।*

आप ऐसा करना प्रारम्भ कर दें। भविष्य में आप अपने मस्तिष्क का नियंत्रण सिर्फ अपने हाथों में रखेंगे।

अभ्यास:- प्रति शाम सोने से पहले अपने दिन का मूल्यांकन करें। क्या आपने दिन में किसी घटना पर वह स्वाभाविक प्रतिक्रिया दी, जो आप वर्षों से देते आ रहे हैं। (यह प्रतिक्रिया प्रकट रूप में बोलकर या अप्रकट रूप में मन ही मन जलने की हो सकती है)

क्या उस घटना पर अपने विचार/भाव प्रकट करने का एक या अनेक श्रेष्ठ तरीके हो सकते हैं, जिनसे सभी पक्ष संतुष्ट हो जाएँ।

भविष्य में आप किस तरीके का उपयोग करेंगे।

प्रथम अभ्यास इसी समय कर लें। उसके बाद उपर्युक्त के अनुसार प्रतिशाम अभ्यास करें।

x+x+

अध्याय 3

चमत्कारी भूत से उत्कृष्ट सेवा लें

17

चमत्कारी भूत कौन है?

एक व्यक्ति ने शंकर भगवान की घनघोर तपस्या की। भोले शंकर प्रसन्न होकर उसके समक्ष प्रकट हो गए और बोले ,"वत्स जो मांगना है, मांग लो।"

उस व्यक्ति ने महादेव के चरणों में गिरकर अनुनय किया," प्रभु एक ऐसा दास दीजिए जो मेरी प्रत्येक इच्छा पूरी कर दे।

उसे एक भूत देकर महादेव बोले,"वत्स यह हर पल तुम्हारी सेवा में रहेगा और तुम्हारी प्रत्येक इच्छा पूरी करेगा। सिर्फ एक बात का ध्यान रखना। इसे कभी बेकार नहीं रखना अन्यथा यह तुम्हें खा जाएगा।"

आपके पास भी एक आज्ञाकारी एवं चमत्कारी सेवक है। यह आपका अवचेतन मन है।

अवचेतन मन हर पल आपकी सेवा में लीन रहता है। जब आप मीठी नींद का आनंद लेते रहते हैं, यह आपका हृदय संचालित करता रहता है; आपका रक्त शुद्ध करता रहता है; भोजन पचाता रहता है; आपके शरीर की सफ़ाई करता रहता है; आपकी क्षतिग्रस्त कोशिकाओं की मरम्मत करता रहता है; आपकी आरोग्य-क्षमता को सशक्त बनाता रहता है।

आपकी आँखों के सामने अचानक कोई कीड़ा आता है तो आपकी पलकें तुरंत बंद हो जाती हैं। ड्राइविंग के दौरान आप गति के साथ

स्वतः गियर बदलते जाते हैं। ये सारे स्वतःस्फूर्त कार्य आपका अवचेतन मन ही करता है।

अवचेतन मन को छठी ज्ञानेन्द्रिय भी कहा जाता है। यह उन बातों को भी समझ जाता है जिन्हें आपकी पाँचों ज्ञानेंद्रियां नहीं समझ पाती हैं।

बिना कोई प्रश्न पूछे अवचेतन मन आपके आदेश का पालन करता है। जिन विचारों पर आप मनन करते हैं, अवचेतन मन उनको अपना लेता है।

आप नकारात्मक विचारों पर मनन करते हैं तो आपका अवचेतन उन्हें ही स्वीकार कर लेता है। परिणामस्वरूप, आपका जीवन अवांछनीय वस्तुओं से भर जाता है। एक पुरानी कहावत है," मनसे फल, नीयते बरक्कत।"

पिस पिलीग्रम ने ठीक ही कहा है, *"यदि आप यह समझ जाएँ कि आपके विचार कितने शक्तिशाली हैं तो आप कभी भी नकारात्मक विचारों पर मनन नहीं करेंगे।"*

यह अति आवश्यक है कि आप सिर्फ और सिर्फ सकारात्मक विचारों से अपने चेतन मन को सराबोर रखें। चेतन मन में चल रहे विचार को अवचेतन स्वतः आत्मसात कर लेता है। यह एक उपजाऊ खेत की तरह है। इसमें विचार के जैसे बीज आप बोते हैं, उसी प्रकार की लहलहाती फसल प्राप्त करते हैं।

आपके निकट संबंधी और गुरुजन जो विचार प्रकट करते हैं, उनसे भी आपका अवचेतन प्रभावित होता है, क्योंकि हमारा चेतन मन अपने सम्माननीय बड़ों और गुरुजनों की बातें सच मानता है। अतः आपका अवचेतन भी उन्हें अंगीकार कर लेता है।

बड़े-बुजुर्ग हमारे आदर्श होते हैं। उनके कार्यों को भी हमारा चेतन मन सही मानता है। अतः कालांतर में अवचेतन मन पर भी वैसी ही छाप

छोड़ देता है। इसी कारण शराबियों के परिवार के बच्चे प्रायः शराबी और निरामिषों के परिवार के बच्चे प्रायः निरामिष होते हैं।

आप अपने जीवन के परिणामों से असंतुष्ट हैं तो सबसे पहले आपको अपने अवचेतन मन के उपजाऊ जमीन पर जन्मे अवांछनीय पौधों को उखाड़ कर उनकी जगह रचनात्मक विचारों के पौधे लगाने होंगे

इस बारे में हम पहले चर्चा कर चुके हैं, लेकिन विषय की विशालता और महत्व को देखते हुए हम इस विषय और चर्चा करेंगे।

अभ्यास:-

1. इस लेख को कम से कम 5 बार पढ़ें।
2. इसकी मुख्य बातों को नोटबुक में लिखें।

स्वप्रेरणा द्वारा अवचेतन के अवांछित प्रोग्रामिंग को हटाकर आप वहाँ नया सकारात्मक प्रोग्रामिंग कर सकते हैं। विख्यात पुस्तक "You Can Heal Your Life" की लेखिका स्वर्गीय लुइस.एल.हे. तथा अनेक विद्वानों के अनुसार **यह प्रक्रिया अनेक बीमारियों से भी छुटकारा देती है।** अतः इसे "शब्द चिकित्सा" भी कह सकते हैं। अगले अध्याय में हम "शब्द चिकित्सा" के बारे में बातें करेंगे।

x+x+

18

शक्तिशाली शब्दों से प्रभावशाली चिकित्सा कैसे करें?

शब्द पीड़ा देते हैं। शब्द आनन्द भी देते हैं।
शब्दों से मंत्र बनते हैं। शाप भी शब्द ही होते हैं। शब्द ब्रह्म भी
कहे जाते हैं।

प्रेरक शब्दों पर लगातार मनन करके आप अपना उत्साह कई गुणा बढ़ा लेते हैं। नकारात्मक शब्दों पर मनन की प्रवृत्ति लोगों को आत्महत्या की ओर ले जाती है।

सकारात्मक अथवा नकारात्मक विचारों का शरीर पर स्पष्ट रूप से प्रभाव दिखाई देता है। आप किसी का चेहरा देखकर आसानी से बता सकते हैं कि वह क्रोधित है, मंत्रमुग्ध है, शांत है या चिंतित है।

आप अपनी या अपने किसी संबंधी के विवाह के बारे में याद कीजिए। वहाँ वर्षों पहले खाए-गए स्वादिष्ट भोजन, नाच-गाना, और मौज-मस्ती के बारे में स्मरण कीजिए। मौज-मस्ती की वर्षों पुरानी यादें भी आपका मन प्रफुल्लित कर देंगी।

मेरे कार्यालय में एक सहायक थे:- औसत कद काठी, गोरा चेहरा, आंखों पर सुनहरा चश्मा। बेचारे अवसादग्रस्त रहते थे। एक दिन मैंने उन्हें चाय के बहाने बुलाया और चाय की चुस्की के दौरान ही मैंने उनसे उनकी उदासी का कारण पूछा?

रमण जी(बदला नाम) अपना दुख-दर्द सुनाने लगे। दस मिनट तक सहानुभूतिपूर्वक सुनने के पश्चात मैंने उनसे पूछा, "क्या निकट भविष्य में आपके जीवन में कोई आनंददायक घटना हुई है?"

उन्होंने "नहीं" में उत्तर दिया। मेरे पुनः आग्रह करने पर उन्होंने अपने मस्तिष्क पर जोर दिया और बोले,"कुछ महीने पहले उनके छोटे साले आए थे। मामाजी ने भगिना और भगिनी को साइकिल खरीद दी। बच्चे मोतीझील से आधुनिक डिज़ाइन की लाल-नीली साइकिलें चलाते हुए घर आए। दोनों खुशी से चहक रहे थे। सन्तानों को खुश देखकर रमण जी भी सपत्निक हर्षित थे। भाभीजी ने स्वादिष्ट मुर्गा-करी और सुगंधित बासमती चावल का पुलाव बनाया। उनके परिवार की पूरी शाम मौज-मस्ती से सराबोर रही।

उपर्युक्त घटना के वर्णन के दौरान रमण जी का चेहरा हर्ष से चमकने लगा। यह बात उन्होंने भी स्वीकारी और निर्णय लिया कि वे जीवन के अच्छे क्षणों के बारे में सोचेंगे और उन्हीं की चर्चा किया करेंगे। परिणामस्वरूप आजकल वे प्रसन्न जीवन बिता रहे हैं।

हाथ कंगन को आरसी क्या?

आप भी अपने इष्ट-मित्रों से उनके साथ बिताए गए मजेदार क्षणों की उत्साहपूर्वक चर्चा कीजिए और स्वयं उपर्युक्त की प्रभावकारिता जाँच लीजिए।

अच्छे शब्द बार-बार श्रद्धापूर्वक दोहराकर प्रत्येक व्यक्ति अवसाद को कम कर सकता है। "मनसे फल, नीयते बरक्कत" वाली कहावत याद करें।

आपके चेतन मन में चल रहे विचारों के अनुसार आप फल पाते हैं।

जिस तरह चिकित्सक विभिन्न बीमारियों के लिए अलग-अलग दवाइयाँ देते हैं, उसी तरह विभिन्न समस्याओं के लिए अलग-अलग शब्दों का चयन किया जाता है।

लंबी-गहरी साँस लेते हुए ईश्वर को संबोधित करके प्रार्थना के रूप में शब्दों को श्रद्धापूर्वक दोहराने से उनका प्रभाव और बढ़ जाता है।

कुछ समस्याओं के लिए मैं अपने सुझाव लिख रहा हूँ। आप इन्हें परखकर देखें।

स्वास्थ्य लाभ

"मैं चुस्त, स्वस्थ और स्मार्ट हूँ। मेरी जीवनी-शक्ति सशक्त है। धन्यवाद ईश्वर।"

डर

"मैं निडर, निर्भीक और साहसी हूँ। मैं जोखिमों और चुनौतियों का विश्लेषण सतर्कता से करता हूँ और उनका प्रबंधन धैर्य तथा साहस के साथ करता हूँ। जय श्रीराम, जय श्रीकृष्ण।"

जेनरल टॉनिक

अनेक बार चिकित्सक आपको जेनरल टॉनिक देते हैं जो आपके शारीरिक स्वास्थ्य को सुदृढ़ करता है। आपको मैं सकारात्मक विचारों का एक टॉनिक भेंट कर रहा हूँ।

"हे ईश्वर! आपने मुझे सुदृढ़ स्वास्थ्य दिया है; शानदार सफलताएँ दी हैं;

अपार धन-सम्पदाएं दी हैं; सुखद पारिवारिक जीवन दिया है। धन्यवाद प्रभु।"

अवचेतन मन के सिद्धांत के अनुसार आप जो उचित वस्तु चाहते हैं, कल्पना में उसे अपना मानकर कर्म में लीन हो जाइए। ईश्वर को धन्यवाद दीजिए। कुछ दिनों में वह चीज आपकी हो जाएगी

तार्किक अथवा चेतन मन के सुषुप्त अवस्था में इन प्रार्थनाओं को पूरी भावना से सीने पर हथेली रखकर दोहराइये।

सबेरे नींद खुलने के ठीक बाद, रात्रि निद्रा के ठीक पहले या रात में सोते समय जब थोड़ी देर के लिए आपकी नींद खुलती है, तब इन प्रार्थनाओं को दुहराने का सर्वोत्तम समय होता है।

आप दिन में कभी भी दो-चार लंबी, धीमी और गहरी सांस लेकर छोड़ने के पश्चात अपनी चुनी हुई प्रार्थना दुहराएँ और लोरी की तरह गाएँ।

मैंने कई प्रार्थनाओं को जीवन में पूरा होते देखा है। अतः मेरा तार्किक चेतन मन इन पर विश्वास करता है। इसलिए मैं अपनी चुनी प्रार्थना को खाते-पीते-टहलते-स्नान करते आदि दोहराता रहता हूँ।

मैं विभिन्न समय पर विभिन्न प्रार्थनाएं दोहराता हूँ। जैसे जब मुझे डर लगता है तो डर दूर करने वाली प्रार्थना दुहराता हूँ। स्वास्थ्य लाभ के लिए स्वास्थ्य वाली प्रार्थना तथा अन्य समय में जनरल टॉनिक वाली प्रार्थना दुहराता हूँ। इनके अतिरिक्त मैंने अन्य अनेक प्रार्थनाएँ बनाई हैं। इससे मुझे दो लाभ हुए हैं।

1. मेरा चेतन मस्तिष्क किसी न किसी प्रार्थना से भरा रहता है। अतः फालतू के विचार वहाँ नहीं टिक पाते हैं।
2. सकारात्मक विचारों से परिपूर्ण रहने के कारण मेरा चेहरा हँसमुख और प्रसन्न दिखता है।

लुइस.एल.हे ने एक अत्यंत ही उपयोगी पुस्तक," You Can Heal Your Life" लिखी है। लेखिका का दावा है कि अनेक बीमारियों की चिकित्सा उपयुक्त शब्दों को बार-बार दोहरा कर की जा सकती है। अपनी पुस्तक में उन्होंने इसके बारे में विस्तार से बताया है।

शब्द-सिद्धि:-

प्राचीन काल से सभी धर्मों में ईश्वर का नाम दोहराने की परंपरा है। हिन्दू धर्म में मंत्र-सिद्धि की जाती है। इसके लिए एक मंत्र बार-बार दोहराया जाता है।

मेरे एक शुभेच्छु ने दीक्षा ली थी। वे मंत्र दोहराने के अतिरिक्त प्रतिदिन तीन पृष्ठ पर गायत्री मंत्र बार-बार लिखते थे।

आप भी मनचाही सफलता, स्वास्थ्य और खुशियाँ पाने के लिए चुने गए उपयुक्त शब्दों को बार-बार दोहराएँ। उन्हें कम से कम 51 बार एक नोटबुक में लिखें। इस दौरान कल्पना करें कि वह चीज आपकी हो गई है और आप उसका उपयोग कर रहे हैं।

शक्ति ग्वेन लिखित "अद्भुत कल्पनाशक्ति" भी इस बारे में उपयोगी पुस्तक है।

मस्तिष्क में स्वीच बनाएँ

कमरे में अंधेरा फैलने लगता है तो आप क्या करते हैं?

बिजली का स्विच ऑन कर देते हैं। आपके मस्तिष्क में भी अनेक स्विच होते हैं। कुछ स्विच बारंबारता के कारण स्वतः बन जाते हैं। जैसे- आपका मनपसंद खाद्य-पदार्थ क्या है? अपनी आँखें बंद करके उसका ध्यान कीजिए। ऐसा करने पर अधिकांश लोगों को वह खाद्य-पदार्थ खाने की इच्छा होने लगती है। अतः यहाँ वह खाद्य-पदार्थ स्विच का कार्य करता है और आपके मन में एक इच्छा बलवती हो जाती है।

चाणक्य ने प्रतिज्ञा की थी- "जब तक मैं नन्द वंश का नाश न कर दूँगा, तब तक अपनी शिखा नहीं बाँधूंगा।" उनकी खुली शिखा हर पल उन्हें अपनी प्रतिज्ञा याद दिलाती रहती थी। इस प्रकरण में चाणक्य ने पूरे होशोहवास में अपने मस्तिष्क में शिखा रूपी स्विच बनाई थी।

अपने हाथ की उंगलियों के 12 हिस्सों को मैंने स्विच बनाया है। प्रत्येक उंगली में तीन निशान बने हैं। मैं अपनी अनामिका के सबसे ऊपर वाले निशान को अंगूठे से छूते हुए बार-बार दोहराता हूँ- "मैं निडर, निर्भीक और साहसी हूँ। मैं जोखिमों और चुनौतियों का

विश्लेषण सतर्कता से करता हूँ और उनका प्रबंधन धैर्य तथा साहस के साथ करता हूँ।जय श्रीराम, जय श्रीकृष्ण।"

जब मेरा मन घबड़ाने लगता है और मैं उपर्युक्त संकल्पना दोहराने की स्थिति में नहीं रहता हूँ तो अंगूठे से अनामिका अंगुली के सबसे ऊपर वाले निशान को बार-बार हल्के से छूता हूँ। मस्तिष्क में रेकॉर्डिंग स्वतः चलने लगती है- " मैं निडर, निर्भीक और साहसी हूँ।

मैं जोखिमों और चुनौतियों का विश्लेषण सतर्कता से करता हूँ और उनका प्रबंधन धैर्य तथा साहस के साथ करता हूँ। जय श्रीराम, जय श्रीकृष्ण।

आप भी अपने मस्तिष्क में ऐसे सकारात्मक स्विच बना लीजिए। ये शब्द-सिद्धी में महत्वपूर्ण भूमिका निभाएँगे।

मैंने इस विधि का भरपूर लाभ उठाया है।

एक शब्द-समूह की सिद्धि करके दूसरे शब्द-समूह की सिद्धि करें। इस तरह अपनी सफलताओं का अंबार लगा लें।

x+x+

19

विजन-बोर्ड से अपनी सफलता में चार चाँद लगाएँ

"एक चित्र हज़ार शब्दों के समतुल्य होता है।"
- अल्बर्ट आइंस्टीन

सकारात्मक शब्दों को बार-बार दोहराने से शरीर में ऊर्जा का संचार होता है क्योंकि आपके मस्तिष्क से संबंधित शब्दों के चित्र स्वतः बनते रहते हैं। जितने विश्वास और आस्था के साथ आप शक्तिशाली शब्द दोहराते हैं, आपके रोम-रोम में ऊर्जा का उतना ही प्रभावी संचार होता है।

आंखें बंद कर संसद-भवन का उच्चारण करें। आपकी आंखों के सामने भव्य संसद-भवन का चित्र अवश्य बन गया होगा।

अब ताजमहल का उच्चारण करें। क्या संगमरमर के दूध जैसा भव्य और विशाल ताजमहल का चित्र आपके समक्ष आया?

प्रायः हम अन्य विचारों में खोए रहते हैं और शब्दों को यंत्रवत दोहराते रहते हैं। उस समय सम्बन्धित चित्र हमारे मानस-पटल पर स्पष्ट नहीं हो पाते हैं।

अतः अपने लक्ष्यों का चित्र स्पष्ट देखने के लिए महत्वाकांक्षी लोग विज़न-बोर्ड बनाते हैं। अपने सारे लक्ष्यों के रंगीन चित्र बनाकर उनको अपने कमरे में ऐसे स्थान पर टांग दें जहाँ वे चित्र आपको बरबस दिखाई देते रहें।

आप चित्रों को गूगल पर सर्च करके भी ले सकते हैं। मैंने अपने मोबाइल के नोटबुक में विजन-बोर्ड नामक एक फोल्डर बनाया है। मैं उस फोल्डर में सम्बन्धित चित्र डाउनलोड करके रखता हूँ। इन चित्रों को देखते हुए मैं कल्पना करता हूँ कि मैंने अपने लक्ष्यों को प्राप्त कर लिया है और उसके लिये ईश्वर को धन्यवाद देता रहता हूँ।

विजन बोर्ड का दूसरा लाभ यह भी है कि इस पर जब भी आपकी दृष्टि जाती है, आपके लक्ष्य आपके मन-मस्तिष्क में ताजे हो जाते हैं। आपका चेतन मन लक्ष्यों की प्राप्ति के लिए और अधिक प्रयत्नशील हो जाता है। आपके अवचेतन मन पर भी उनकी छाप और गहरी हो जाती है। परिणामस्वरूप आप लक्ष्यों की प्राप्ति के लिए भगीरथ प्रयास करते हैं। अनेक बार कोई चमत्कार आपकी लक्ष्य-प्राप्ति में सहायक भी होता है।

अभ्यास :- अपने जीवन के लक्ष्य से सम्बंधित कुछ चित्र इंटरनेट से डाउनलोड करके मोबाइल में उसको सेव करें और उन्हें प्रति रात्रि सोने से पहले देखें। कल्पना करें, "आपने अपना लक्ष्य प्राप्त कर लिया है। आपके मित्र एवं परिजन आपको बढ़ाई दे रहे हैं।"

इसके लिए ईश्वर को धन्यवाद दें।

x+x+

अध्याय 4

प्रफुल्लित मन के अन्य महत्वपूर्ण स्तम्भ

20

वर्तमान साधें, भविष्य सधेगा

*"बीता कल इतिहास है, आने वाला कल रहस्य है। और आज?
आज ईश्वर का उपहार है। इसीलिए इसे "Present " कहते हैं।"*
- बी. ओलाटूंजी

*"आज आप जो भी कर रहे हैं, यह आपके आने वाले कल को
सुधार सकता है।"*
- राल्फ मास्टर्न

अंग्रेजी में दो प्रसिद्ध कहावत हैं,"

1. अपने पुल तभी पार करें, जब आप वहाँ पहुँचें।"
2. उछल गए दूध पर मत चिल्लाएँ।

प्रत्येक पुल वर्तमान साधने का प्रभावशाली उदाहरण प्रस्तुत करता है। प्रसिद्ध हावड़ा पुल को देखिए।

इस पुल से लगभग चालीस लाख पैदल यात्री और डेढ़ लाख गाड़ियाँ प्रतिदिन गुजरती हैं।

यदि कल पार की हुई सारी सवारियाँ और आने वाले कल की सारी सवारियाँ पुल पर एक साथ इकट्ठी हो जायेंगी तो क्या होगा?

1943 से सीना ताने खड़ा यह शक्तिशाली पुल माचिस की डिब्बी की तरह धराशायी हो जायेगा।

हमारी मानसिक वेदनाओं का मुख्य कारण क्या है?

हम वर्तमान की समस्याओं, भूत काल के पश्चातापों और भविष्य की आशंकाओं का बोझ एक साथ अपने मस्तिष्क पर डाल देते हैं।

किसी ने सच ही कहा है कि भूतकाल लैप्स चेक है। भविष्य काल पोस्ट-डेटेड चेक है। सिर्फ वर्तमान ही ऐसा चेक है जिसे आप अभी भुना सकते हैं।

बीता हुआ कल कभी हमारा वर्तमान था, जिन लोगों ने उसका सदुपयोग किया, उनके भूतकाल की यादें मधुर बन गईं।

जो आज वर्तमान का पूर्ण सदुपयोग कर रहे हैं, वे भविष्य के 'आज' का भी भरपूर उपयोग करेंगे।

वर्तमान पर ध्यान एकाग्र करने की आदत आपके भूतकाल की यादों के साथ-साथ आपका भविष्य भी सुनहरा बना देती है।

यद्यपि भूतकाल से सबक लेना और SWOT विश्लेषण कर भविष्य की योजनाएँ बनाना वर्तमान का सदुपयोग ही कहलाता है।

वर्तमान पर ध्यान एकाग्र करने की आसान विधि:-

जब भी आपका मस्तिष्क खाली हो, "वर्तमान साधूँगा, भविष्य सधेगा"

या "मैं वर्तमान का आनन्दपूर्वक सदुपयोग करता हूँ।" को पूरी तन्मयता के साथ नारे की तरह दुहराते रहिए।

एकांत में हैं तो थोड़ी ऊँची आवाज में दुहराइए ताकि आपके कान भी इस विचार को आपके अवचेतन मन में बैठाने में आपकी मदद करें। साथ ही साथ इस नारे का एक स्विच भी मस्तिष्क में बना लीजिए। इसकी विधि 'शब्द चिकित्सा' अध्याय में बताई गई है।

कुछ दिनों में भूतकाल और भविष्य की प्रताड़नाओं से आप काफी हद तक मुक्त हो जाएंगे।

नोट: SWOTविश्लेषण का मतलब STRENGTH, WEAKNESS, OPPORTUNITY तथा THREATS का विश्लेषण है।

अभ्यास:-

इस लेख को कम से कम 5 बार पढ़ें।

इसकी मुख्य बातों को नोटबुक में लिखें।

ऊपर वर्णित नारों को चंद मिनटों के लिए एक मानसिक स्विच निर्धारित करके दोहराएँ।

X+X+

नोट: SWOTविश्लेषण का मतलब STRENGTH, WEAKNESS, OPPORTUNITY तथा THREATS का विश्लेषण है।

अभ्यास:-

इस लेख को कम से कम 5 बार पढ़ें।

इसकी मुख्य बातों को नोटबुक में लिखें।

ऊपर वर्णित नारों को चंद मिनटों के लिए एक मानसिक स्विच निर्धारित करके दोहराएँ।

21

वित्तीय सुदृढ़ता:- आपके प्रफुल्लित मन का आधार

सुदृढ़ वित्तीय स्थिति वह नींव है जिस पर प्रफुल्लित मन का गगनचुंबी भवन बनता है।

वित्तीय सुदृढ़ता के लिए प्रारम्भ में अपनी इच्छाओं का शमन कीजिए।

करी के पेड़ का उदाहरण लीजिए। छोटे पेड़ की देख-भाल आप ध्यान से करते हैं अन्यथा वह मुरझा जाता है।

धैर्य के साथ आप पेड़ को पोषित करते हैं, फिर आवश्यकतानुसार कितने भी पत्ते तोड़ें, पेड़ हरा-भरा रहता है।

एक कहावत है- "मारू मन, जारू पेट। तब होएत टका से भेंट।" अर्थात मन को दबाने और पेट को जलाने से वित्तीय समृद्धि आती है।

पेट को जलाने से मेरा तात्पर्य भूखा रहना नहीं है बल्कि विवेकपूर्ण आहार से है जो स्वास्थ्य के लिए लाभदायक हो और बटुए पर कम बोझ डाले।

वित्तीय सुदृढ़ता के पौधे को सावधानी से पोषित कर विशाल वट वृक्ष बनाने हेतु निम्नलिखित टिप्स पर ध्यान दें।

1. अपनी कमाई का कम से कम 10 प्रतिशत और अधिक से अधिक 25 प्रतिशत" वित्तीय सुदृढ़ता खाता" में जमा करें। आप कुँवारे हैं या छोटे परिवार के मुखिया हैं तो 25 प्रतिशत तक बचा सकते हैं अन्यथा कम से कम 10 प्रतिशत अवश्य बचाएँ।

2. उपर्युक्त बचत को चक्रवृद्धि दर से बढ़ने दें। उसे कभी न छुएं। उससे मिलने वाली आय का 75 प्रतिशत हिस्सा आप खर्च कर सकते हैं।

3. यदि अत्यंत आवश्यक हो तो उधार ले लें, लेकिन " वित्तीय सुदृढ़ता खाता" की राशि न छुएँ।

4. अपनी आय का 10 प्रतिशत लंबी अवधि की आवश्यकताओं के लिए रखें। इनसे टीवी, फ्रिज, कार आदि खरीद सकते हैं।

5. प्रत्येक व्यक्ति अपने ज्ञान और कुशलता के आधार पर धनार्जन करता है।

6. अतः अपने ज्ञान और कुशलता में वृद्धि के लिये अपनी कमाई का कम से कम 5 प्रतिशत हिस्सा सुरक्षित रखें।

7. जीवन को सरस बनाए रखने के लिये मौज-मस्ती भी आवश्यक है, अतः अपनी कमाई का 5 प्रतिशत हिस्सा मौज-मस्ती के लिए रखें। इस राशि का उपयोग अपने परिवार के साथ पिकनिक सैर-सपाटे, बाहर खाना खाने आदि के लिये करें।

8. सभी धर्मों में दान-पुण्य की अपार महिमा बताई गई है। अतः निर्धनों की सहायता के लिये अपनी आय की 5 प्रतिशत राशि रखें।

9. दान-पुण्य से हमारी आत्मा को अपार संतोष मिलता है। यह अवश्य सुनिश्चित करें कि इस मद की राशि सच्चे जरूरतमंदों को ही मिले।

10. शेष 50 प्रतिशत से दैनिक आवश्यकताएँ पूरी करें।

11. खर्च का बजट बनाएँ। इससे भावना में बहकर कम आवश्यक आवश्यकताओं पर खर्च करने से आप बच पाएंगे।

12. आवश्यकताएँ अनंत हैं। अंधाधुंध खर्च करने की आदत ने अरबपतियों को भी कंगाल बना दिया है, जबकि रुपयों का सही प्रबंधन करके स्वर्गीय धीरु भाई अंबानी जैसे अनेक लोग निर्धनता से अरबपति-खरबपति बन गए हैं।

13. अपने परिवार के भविष्य को आकस्मिक आपदाओं से सुरक्षित करने के लिये कम उम्र में ही टर्म बीमा की बड़ी पॉलिसी ले लें। कम उम्र में स्वास्थ्य अच्छा रहने के कारण बीमा किश्त की छोटी राशि में ही आपको बड़ा बीमा मिल जायेगा।

14. स्वास्थ्य संबंधी आपातकालीन आवश्यकताओं के लिए स्वास्थ्य बीमा ले लें।

15. उत्पादक कार्यों के लिये ही ऋण लें। कम उम्र में ऋण से मकान बना लें। भारत में पुराने स्लैब में ऋण की किस्त पर डेढ़ लाख तक और ब्याज में 2 लाख तक आयकर में छूट का प्रावधान है वशर्ते कि मकान आपके प्रयोग में हो। कालांतर में महंगाई बढ़ने के कारण किश्त की राशि नगण्य लगने लगती है। मकान का किराया मूल्य किश्त से कई गुणा बढ़ जाता है। जैसे वर्ष 2000 के आस-पास अपनी भूमि पर दो मंजिला मकान बनाने के लिये जिन्होंने 8 लाख रुपया ऋण लिया, उन्हें औसतन नौ हज़ार रुपये किश्त देने पड़ते हैं, जब कि मकान का किराया मूल्य मुजफ्फरपुर शहर में कम से कम 16000 रुपये तो अवश्य हो गया होगा। किश्त भुगतान और ब्याज में आयकर छूट भी मिली। यदि आवास ऋण लिये हैं तो आय में से उसकी किश्त घटाकर अन्य मदों जैसे "वित्तीय सुदृढ़ता खाता" शिक्षा आदि का प्रतिशत तय कर सकते हैं।

16. **"वित्तीय सुदृढ़ता खाता"** में जमा राशि का विवेकपूर्ण ढंग से निवेश करें।

17. ज्यादा ब्याज का लालच देने वाली कंपनियां प्रायः चम्पत हो जाती हैं।अतः इस राशि का निवेश स्थिर आय कमाने वाली सम्पतियों में करें। जैसे बैंक सावधि जमा, बढ़िया म्यूच्यूअल फंड, भूमि आदि।

18. वित्तीय सुदृढ़ता एक विशाल विषय है, इस पर अनेक उत्तम पुस्तकें लिखी गई हैं। इस विषय में निपुणता प्राप्त करने के लिए निम्नलिखित पुस्तकें अवश्य पढ़ें।

1. बेबीलोन का सबसे अमीर आदमी। लेखक- जॉर्ज एस. क्लासन

2. सीक्रेट्स ऑफ़ द मिलिनेयर माइन्ड। लेखक- टी हार्व एकर।

3. रिच डैड, पुअर डैड। लेखक- रॉबर्ट टी कियोसाकी।

इस विषय पर अनेक अच्छी पुस्तकें हैं। मुझे ये तीनों बहुत अच्छी लगीं। मैंने इसी क्रम में इनके नाम लिखे हैं।

वित्तीय स्थिति सुदृढ़ करने के लिये आवश्यक कदम आज और अभी से उठाना प्रारंभ कीजिए। ईश्वर आपकी सहायता करें।

अभ्यास:-

1. घर में एक डिब्बे में आज से ही बचत प्रारम्भ कर दें।
2. कुल कटौतियों के पश्चात हो रही मासिक आमदनी का 10 प्रतिशत आवर्ती जमा खाता या सिस्टमेटिक निवेश योजना में डालना प्रारम्भ कर दें।

x+x+

22

मेरी भी जीत, आप की भी जीत

प्रत्येक संबंध में इन चारों में एक परिस्थिति अनिवार्य होती है।

1. *मेरी जीत, आपकी हार:-* मैं प्रायः लाभ में रहता हूँ, आपको हानि होती है। फलस्वरूप आप मुझसे घृणा करने लगते हैं और आगे सम्बन्ध भी तोड़ लेते हैं। आपका शोषण करने के कारण मैं पश्चाताप की अग्नि में जलता हूँ। मुझे डर सताता रहता है कि आप कभी भी मेरा साथ छोड़ देंगे।

- समाज में लोग जान जाते हैं कि मैं सिर्फ अपने लाभ की सोचता हूँ। परिणामस्वरूप, अच्छे मित्र और सहयोगी मुझे दूर से ही सलाम कर देते हैं। "काठ की हांड़ी, चढ़े न दूजे बार।" वाली कहावत चरितार्थ हो जाती है।

2. *मेरी हार, आपकी जीत:-* यहाँ भी परिणाम ऊपर जैसे होते हैं। सिर्फ मेरी और आपकी भूमिका आपस में बदल जाती हैं।

- त्यागी की महान भावना दिखाते हुए हम कभी अपने प्रिय व्यक्ति को आगे जाने देते हैं। लेकिन यह अपवाद ही होता है।

3. *मेरी हार और आपकी भी हार:-* अनेकों बार लगातार शोषण के बाद शोषित पक्ष निर्णय लेता है," हम तो डूबे हैं सनम, आपको भी ले डूबेंगे।

- परिणामस्वरूप एक दूसरे को नीचा दिखाने और प्रतिशोध लेने की श्रृंखला प्रारंभ होती है जो दोनों पक्षों की शान्ति हर लेती है।

4. ***मेरी जीत, आपकी भी जीत:-*** यह प्रबंधन का अत्यंत महत्वपूर्ण सिद्धांत है। श्री स्टीफन आर. कवि ने अपनी पुस्तक," अति प्रभावकारी लोगों की 7 आदतें " में इस पर एक विस्तृत अध्याय लिखा है।

- यदि आपके साथ काम करने से लोगों का विकास होता है। उन्हें उचित फल और प्रशंसा मिलती है तो आपके साथ काम करने के लिये लोगों की कतार लग जाती है।

आपके मित्रों और शुभचिंतकों की संख्या बढ़ती जाती है। आपके मन में भी संतोष और सुरक्षा की भावना रहती है। बड़े-बड़े व्यापारी, कॉरपोरेट घराने इसी सिद्धांत पर कार्य करते हैं। वे अपने ग्राहकों को कम से कम कीमत में बढ़िया से बढ़िया उत्पाद देते हैं। अतः ये कम्पनियाँ दिन दुगुनी रात चौगुनी प्रगति करती जाती हैं।

स्वयं से हमेशा पूछते रहिये कि अपने मित्रों, सबन्धियों, सहयोगियों और ग्राहकों के साथ जीत-जीत के सिद्धांत पर कैसे आप अपने सम्बंध सुदृढ़ कर सकते हैं।

मतभेदों को जीत-जीत सिद्धांत के अनुसार सुलझाने के रास्ते खोजिए।

आप की सामाजिक प्रतिष्ठा, अर्थिक सुदृढ़ता और मन की शान्ति में अपार वृद्धि होती जाएगी।

अभ्यास:-

अपने पारिवारिक, सामाजिक अथवा व्यावसायिक जीवन में से कोई एक असंतोषप्रद संबंध चुनें। जीत-जीत सिद्धांत के आधार पर उस सम्बन्ध को जीवंत बनाएँ।

x+x+

23

महत्वपूर्ण कार्य तत्काल करें

"प्रयास जो दिन-रात करते हैं, उनका जय जयकार होता है।
कर्मरत जो रहते हैं लगातार, उनके यहाँ चमत्कार होता है॥
- उत्तम सुशांत

प्राचीन काल में वीर योद्धा अपनी रत्न-जड़ित खूबसूरत म्यानों में तेज धार वाली तलवार रखते थे। शत्रु को देखते ही वे उसपर जोरदार हमला करके उसकी इह लीला समाप्त कर देते थे।

यदि शत्रु शक्तिशाली होता था तो वे धैर्यपूर्वक अपनी शक्ति बढ़ाते रहते थे। अरि के कैंप में जासूस एव विष-कन्याएँ भेज कर वहाँ फूट डलवाते थे। फिर सही समय पर आक्रमण करके वे शत्रु के दाँत खट्टे कर देते थे।

प्रातः से रात्रि तक आप भी समस्याओं से जूझते रहते हैं।

किसी महत्त्वपूर्ण समस्या को देखते ही उस पर टूट पड़ें और समाधान निकाल कर ही चैन की साँस लें।

किसी महत्त्वपूर्ण समस्या का अविलम्ब समाधान नजर नहीं आए तो हिम्मत हारे बिना उचित समय तक इंतजार करें। इस बीच समस्या-समाधान की दिशा में लगातार प्रयासरत रहें।

साधारण दीमक भी छोटे-छोटे प्रहारों से भव्य भवनों को धराशायी कर देते हैं।

हम लोग तो संसार के वुद्धिमानत्तम प्राणी हैं।

हम लोगों ने चाँद और मंगल पर उपग्रह भेजे हैं।

हमलोगों ने धरती मां की गोद से हीरे और प्लैटिनम के खदान खोद निकाले हैं।

हमारे दृढ़ संकल्प और पुरुषार्थ के सामने भला समस्याएँ कैसे टिक पाएंगी?

मैं महत्त्वपूर्ण समस्या की बार-बार चर्चा कर रहा हूँ; क्योंकि महत्वपूर्ण कार्य ही करने योग्य होते हैं।

यदि महत्वहीन कार्यों में उलझ जाएंगे तो आपकी ऊर्जा और समय व्यर्थ ही नष्ट हो जाएंगे।

महत्त्वपूर्ण कार्य की सही पहचान के लिए अपने सामने उपस्थित सभी कार्यों को कागज पर लिख लें। तत्पश्चात सबसे महत्वपूर्ण कार्य सर्वप्रथम करें। तत्पश्चात दूसरे महत्वपूर्ण कार्य पर ध्यान दें।

विलफ्रेडो पैरेटो का सिद्धांत कहता है कि 80 प्रतिशत परिणाम 20 प्रतिशत महत्वपूर्ण कार्यों के निष्पादन से आते हैं।

अतः बुद्धिमान मनुष्य महत्वपूर्ण समस्याओं को योजनाबद्ध तरीके से तेजी से सुलझाते जाते हैं।

जितनी तेजी से आप महत्वपूर्ण समस्याएं सुलझाएंगे, उतनी ही तत्परता से शानदार सफलताएँ आपके चरणों को चूमेंगी।

इस सम्बंध में अधिक अंतर्दृष्टि के लिए आप ब्रायन ट्रेसी द्वारा लिखित " Eat That Frog" पढ़ें।

अभ्यास:-

एक ऐसा महत्वपूर्ण कार्य चुनें जिसे आप टालते रहे हैं। उसे करना प्रारंभ करें। जिस दिन समयाभाव हो उस दिन संबंधित कार्य को थोड़े समय के लिए ही करें, लेकिन सततता बनाए रखें।

x+x+

24

शीघ्रता छीने मन की शांति

बिना सोचे-विचारे जो करे, सो पाछे पछताए।"
- कालजयी मुहावरा

फ्रांस के प्रसिद्ध नाटककार Moliere ने कहा है, **"अनुचित शीघ्रता गलती की ओर जाने का सीधा पथ होती है।"**

ठग एवं धोखेबाज आपको "हाँ" या "नहीं" तत्काल कहने का दबाव बनाते हैं।

उपर्युक्त परिस्थिति में "नहीं" कह देना उत्तम विकल्प है क्योंकि "नहीं" कहने के पश्चात आप कभी भी सारे विकल्पों पर विचार करके "हाँ" कह सकते हैं।

लेकिन एक बार "हाँ" कहने के बाद अपनी विश्वसनीयता बिना खोए "नहीं" कहना असम्भव होता है।

अपरिचितों को "नहीं" कहना आसान है।

वर्ष 1999 में रेलगाड़ी से मैं सहरसा जा रहा था। रास्ते में एक सज्जन सा दिखने वाला युवक मेरे सामने की सीट पर बैठ गया।

धनवानों जैसी पोशाक; गोरे चेहरे पर सुंदर चश्मा वाले आकर्षक व्यक्तित्व के स्वामी ने बड़े ही शिष्टाचार के साथ मुझसे वार्तालाप प्रारंभ किया।

मैं भी उसकी बातों में रुचि लेने लगा। आधे घंटे बाद उसने अपने चमचमाते काले हैंडबैग से गुड डे बटर बिस्कुट निकाला और मजे लेकर खाने लगा। नवयुवक ने मुझसे भी बिस्किट खाने का अनुरोध किया। रेलों में प्रचलित नशाखुरानी गिरोहों के बारे में जानकारी होने के कारण मैंने बहाना बना दिया। वह आग्रहपूर्वक कहने लगा," सर कम से कम एक बिस्किट तो आपको खाना ही पड़ेगा।"

मैंने मुस्कुराकर हाथ जोड़ लिए। अगले स्टेशन पर वह स्मार्ट युवक ट्रेन से उतर गया।

समस्या

आपका कोई परिचित व्यक्ति स्वार्थ के वशीभूत होकर आपको अविलम्ब "हाँ" कहने के लिये दबाव देता है तो समस्या आती है।

मैंने मित्रता का लिहाज़ करते हुए यदा-कदा "हाँ" कह दिया लेकिन प्रायः मुझे पछतावा ही हुआ।

घनिष्ठ मित्र किसी कार्य को शीघ्र करने के लिए दबाव दे तो आप पत्नी, भाई या बच्चों से सलाह करने के लिए समय मांग लें। यदि वह आनाकानी करे तो "नहीं" बोल देना आपके लिए लाभ का सौदा होगा।

नोट: अपवादों को छोड़ दें तो मेरे सारे मित्र अच्छे हैं। उनलोगों ने अनेक अवसरों पर मेरी निस्वार्थ सहायता की है।

अभ्यास:- किसी ऐसी घटना को याद करें जहाँ आपको शीघ्रता के कारण हानि उठानी पड़ी थी। तटस्थ दर्शक की तरह वह घटना बार-बार देखें। नोटबुक में नोट करें- "किस तरह आप चक्रव्यूह में फंसे थे? उस घटना के बारे में जागरूक होने के पश्चात दुबारा आपके फँसने की सम्भावना नगण्य हो जाएगी।

x+x+

25

अस्पष्ट अनुबंध- तनाव का कारण

"अधिक सेवा ठग का लक्षण होता है।"

मेरे एक मित्र का भतीजा एक दिन मेरे घर आया। उसने तपाक से मेरे और श्रीमती जी के पैर छुए। मेरे बड़े सुपुत्र का विवाह तय हुआ था। साहब ने कहा,"चाचा जी मैं आपके उत्सव में अमुक कार्य उत्कृष्टता के साथ कर दूँगा।

पारिश्रमिक के बारे में पूछने पर भद्र पुरुष कहने लगे,"चाचा जी घर की बात है, जो आप देंगे, मैं आशीर्वाद मान कर रख लूँगा। बहुत आग्रह करने पर भी साहब कुछ नहीं बोले। उनके चाचा से मित्रता का सम्मान करके मैंने हामी भर दी।

इसके बाद साहब जब-तब स्टाफ को अग्रिम देने के नाम पर पैसे मांगने आ जाते थे। इतनी बार मैंने उन्हें अग्रिम दिया कि अंत में हिसाब के समय मेरे देने और उनके लेने में अंतर आ गया।

बाद में पता चला कि उनके रेट भी बाजार भाव से अधिक थे। अतः बहस हुई। उनसे और उनके चाचा जी से संबंधों में हल्का तनाव आ गया।

शेष व्यक्तियों से मैंने स्पष्ट अनुबंध किए थे। अनुबंध में "क्या करना है? कब करना है?" के अतिरिक्त वे कितना अग्रिम किस तिथि को लेंगे, इसका भी स्पष्ट उल्लेख था। अतः शेष लोगों के साथ मेरी मानसिक शांति बनी रही और सारे कार्य भी अच्छे से हुए।

व्यावसायिक संबंधों में स्पष्ट अनुबंध बनाएँ।

"अति प्रभावकारी लोगों की सात आदतें" में लेखक श्री स्टीफन आर. कवि ने जीत-जीत का सिद्धांत" अध्याय में स्पष्ट अनुबंध बनाने के बारे में विस्तार से बताया है।

संक्षेप में "किसे क्या करना है, कब करना है, कैसे करना है, कितना पारिश्रमिक और अग्रिम देना है?" आदि लिखित तय कर लें। इससे काम भी बढ़िया होगा और आप की मानसिक शांति भी बनी रहेगी।

अभ्यास:-

1. उपर्युक्त को कम से कम 5 बार पढ़ें।
2. इसकी मुख्य बातों को लिखें।
3. भविष्य में आप वाकपटुता और चतुराई के साथ इसका कहाँ उपयोग कर सकते हैं? नोटबुक में इसे लिख लें और समय आने पर इसका उपयोग करें ताकि आपकी मानसिक शांति बनी रहे।
4. प्यार और व्यापार को यथासंभव अलग-अलग रखें। यदि अपने प्यारे लोगों से भी व्यापारिक संबंध बनाएं तो प्रारम्भ में ही स्पष्ट कर दें कि व्यापार के नियमों का पालन होगा। इससे आपका प्यारा संबंध भी सुदृढ़ बनेगा।

x+x+

अध्याय 5

अच्छा स्वास्थ्य

"शरीर को स्वस्थ रखना हमारा कर्तव्य है, अन्यथा हम अपने मस्तिष्क को सशक्त और निर्मल नहीं रख पायेंगे।"
- गौतम बुद्ध

26

कहीं भी और कभी भी करें व्यायाम

"अपने शरीर का ध्यान रखें, यही वह स्थान है, जहाँ आप रहते हैं।"
- जिम रोन

आम धारणा है- "सुबह खाली पेट या शाम में भोजन के दो घंटे पश्चात आप व्यायाम कर सकते हैं।"

व्यायाम के साथ-साथ बच्चों की तरह हर पल सक्रिय रहना आपके स्वास्थ्य के लिए राम-वाण होगा।

प्रौढ़ावस्था में जोड़ों का जाम होना समस्या पैदा करती है। यह दर्दकर होने के साथ-साथ नित्य-कर्म में भी भीषण कठिनाई का कारण बनता है। कभी भी आप निम्नलिखित व्यायाम करके लाभ उठा सकते हैं।

गर्दन को लचीला बनाने वाला व्यायाम

1. कार्यालय की कुर्सी पर बैठे-बैठे प्रत्येक घंटे में दो-तीन बार छत की ओर देखें। गर्दन झुकाकर लिखने-पढ़ने वालों के लिए यह लाभदायक है। योगासन पद्धति में एक मुद्रा के बाद उसके उलटी दूसरी मुद्रा कराई जाती है। जैसे आगे झुकने वाला आसन के बाद पुनः पीछे झुकने वाले आसन करने की सलाह दी जाती है। इसी तरह यह व्यायाम गर्दन झुकाकर कार्य करने से होने वाले spondilitis आदि दुष्परिणामों का शमन करता है।

2. कंधों के सीध में गर्दन दाहिने और बाएँ घुमाएं।

कन्धों को स्वस्थ रखने वाला व्यायाम

दोनों हाथों को सिर के ऊपर ले जाकर हथेलियों को स्पर्श करें। तत्पश्चात उन्हें नीचे लाकर जांघों के बगल में स्पर्श करें।

दोनों हाथ पीठ के पीछे ले जायें, फिर उन्हें ऊपर गर्दन की ओर ले जाने का प्रयास करें।

उपर्युक्त व्यायाम आपके कंधों को स्वस्थ रखते हैं और फ्रोजेन शोल्डर नामक बीमारी से बचाते हैं। इस बीमारी में कंधे जाम होने लगते हैं। परिणामस्वरूप हाथों को हिलाने में दर्द होता है। रोगी दर्द से बचने के लिए हाथों को नहीं हिलाता है, जिससे कंधे और अधिक जाम हो जाते हैं। अतः दर्द की चिंता किए बिना हाथ को बराबर हिलाते रहने से फ्रोजेन शोल्डर से छुटकारा मिल जाता है।

मेरे चिकित्सक ने मुझे हाथों को हिलाने वाले अनेक व्यायाम बताये थे, जिनको छह महीने से ज्यादा करने पर मुझे फ्रोजेन शोल्डर से छुटकारा मिला।

आँखों को स्वस्थ रखने वाले व्यायाम

1. आँखों की पुतलियाँ 10-10 बार बाएँ-दाहिने, ऊपर-नीचे घुमाएँ। फिर दोनों तरफ 45 डिग्री पर करके ऊपर-नीचे 10-10 बार घुमाएँ।
2. पुतलियों को 10 बार घड़ी की दिशा में और 10 बार घड़ी की विपरीत दिशा में घुमाएँ।
3. दोनों हथेलियों को आपस में रगड़कर ऊष्मा पैदा करें।
4. अपनी आँखें आराम से बंद करके उन्हें अपनी हथेलियों से प्यार के साथ ढक लें, फिर एक मिनट तक काली वस्तुओं जैसे काले बाल, काला हैट, काला सड़क आदि की कल्पना करें।

5. प्रति सुबह-शाम बन्द आँखों पर हथेली से शीतल जल की फुहार मारें।

6. दिन में यथासम्भव हरे-भरे पेड़-पौधों को देखें।

7. नियमित रूप से पलकें झपकाते रहें। इससे कुछ पल के लिए आँखों और मस्तिष्क को आराम मिलता है।

8. कंप्यूटर-स्क्रीन पर 20 मिनट काम करने के पश्चात 20 सेकंड तक 20 फिट दूरी पर देखें। इस दौरान यथासंभव खड़े हो जाएं।

अन्य व्यायाम

हाथों की उंगलियों को यथासंभव फैलाएँ, फिर मुट्ठियाँ कसकर बाँधें। उन्हें घड़ी की दिशा और विपरीत दिशा में वृताकार घुमाएँ।

बैठे-बैठे पैरों के पंजों को ऊपर उठाएँ, फिर उन्हें नीचे रखकर एड़ियों को ऊपर उठाएँ।

पैरों की उँगलियों को यथासम्भव मोड़ें, फिर उन्हें सीधा करें।

उपर्युक्त सभी व्यायाम प्रतिदिन 10-20 बार करें।

- खुलकर हँसने और ताली बजाने के अवसर खोजें। ताली बजाते समय हथेलियों और उंगलियों को एक दूसरे से स्पर्श कराएँ।

- बैठने के बदले यथासम्भव कुछ मिनट खड़ा रहें।

- छोटी दूरियाँ तेजी से टहलते हुए जाएँ।

- मोबाइल पर बात करते समय चहलकदमी करते रहें।

- मुँह धोते समय एक-एक मिनट क्रमशः दाहिने तथा बाएँ पैर पर खड़े रहने का अभ्यास करें।

- प्रत्येक पल अपने शरीर के अंगों को सक्रिय रखने का अभ्यास करें। शरीर के सारे जोड़ों को यथासम्भव हिलाते रहें।

- सप्ताह में तीन दिन कम से कम आधा घंटा जोग्गिंग सह तेज टहलना और तीन दिन रेसिस्टेंस व्यायाम बारी-बारी से करें।

जोग्गिंग सह तेज टहलने के स्थान पर रबर की बॉल हवा में उछालकर पकड़ने का अभ्यास भी कर सकते हैं। इससे अनेक जोड़ों का व्यायाम हो जाता है और रिफ़्लेक्सेज भी तेज होते हैं। इस व्यायाम की गति सावधानी से धीरे-धीरे बढ़ाएँ। इसको प्रारम्भ करने के कुछ दिन पहले से सूर्य नमस्कार के 2-3 चक्र करना शुरू करें ताकि आप के जोड़ लचीले हो जाएँ।

योगासन आपके शरीर को लचीला बनाते हैं जिसमें मेरी पसंद के योगासन निम्नलिखित हैं।

ताड़ासन, उत्थान पादासन, भुजंगासन, शलभासन, शशांकासन, मर्जरी आसन और चेयर सूर्य-नमस्कार।

मैं परसुराम तथा अग्निसार प्राणायाम भी करता हूँ।

यूट्यूब पर शरीर को लचीला और स्वस्थ बनाने वाले अनेक अच्छे व्यायाम दिए गए हैं।

समस्या रहित यात्रा के लिए आप अपने कार और बाइक का नियमित रखरखाव करते हैं। कार की सवारी के दौरान ध्यान रखते हैं कि उसमें खरोंच न लग जाये।

इसी तरह अपने शरीर के रखरखाव हेतु कुछ घंटे प्रतिदिन अवश्य निकालें। चौबीसों घंटे सातों दिन अपने शरीर को सावधानी से रखें। कार या बाइक खराब हो गई तो आप नई खरीद लेंगे, लेकिन शरीर में खराबी आएगी तो हमें दूसरा शरीर नहीं मिलेगा।

उपर्युक्त विधियाँ आपके शरीर को स्वस्थ और मस्तिष्क को चुस्त रखने में अवश्य सहायता करेंगी।

डिस्क्लेमर:- ये सुझाव बिना किसी जिम्मेदारी के दिए जा रहे हैं। इन्हें प्रारम्भ करने के पहले किसी विशेषज्ञ से सलाह ले सकते हैं।

x+x+

छःमहीने में कायाकल्प, आखिर कैसे?

जून, 2019 में मेरा वजन 80 किलो और पेट का घेरा 110 सेंटीमीटर था। दिसंबर, 2019 में मैंने अपना वजन घटाकर 68 किलो कर लिया और पेट का घेरा 97 सेंटीमीटर कर लिया। (यह अब 92 सेंटीमीटर

है) चिकित्सक ने 10 वर्षों से चल रही कोलेस्ट्रॉल की दवा और अनेक वर्षों से चल रही प्रोस्टेट की दवा बंद कर दी। मधुमेह की दवा तो पहले ही काफी कम हो गयी थी।

लगभग 8 महीने पहले मैंने हॉल एलरोड की पुस्तक, "The Miracle Morning." पढ़ी थी, इसको अभी भी बार-बार पढ़ता हूँ। इस पुस्तक से मैंने यह भी सीखा कि *हम आज जो हैं, वह अभी तक के हमारे प्रयत्नों का परिणाम है। यदि हम नया बनना चाहते हैं तो हमें नए प्रयास करने होंगे।*

नई आदतें बनाएँ।

नई आदत बनाने के लिए आपको आजीवन दृढ़ इच्छाशक्ति उपयोग करने की आवश्यकता नहीं है।

विशेषज्ञों का कहना है कि नई आदत 3 सप्ताह में बनाई जा सकती है।

प्रारम्भ के 8-10 दिन नई आदत आपको सहनी पड़ती हैं।

ये दिन कष्टकर और कठिन होते हैं। दूसरे 8-10 दिनों में आप नई आदत से तालमेल बैठाने लगते हैं। 66 से 90 दिनों में नई आदत ही आपका स्वभाव बन जाती है।

अनेक मधुमेह-रोगी फीकी चाय के इतने अभ्यस्त हो गए हैं कि उनको मीठी चाय ही अच्छी नहीं लगती है।

नई आदत बनाने में लिखित संकल्प और सकरात्मक शब्दों का काफी योगदान होता है। अगर आप अवांछित वजन और पेट का घेरा कम करना चाहते हैं तो निम्नलिखित *संकल्प* लिखें।

"मोटापा सारे बीमारियों की जड़ होती है। मैं अपना अवांछित मोटापा और तोंद 6 महीनों में कम करने हेतु और अधिक युवा दिखने हेतु कृत-संकल्पित हूँ।"

उपर्युक्त संकल्प प्रतिदिन सुबह उठने के ठीक बाद और रात्रि-नींद के ठीक पहले पूरी भावना के साथ पढ़ें और अपनी आँखें बंद करके 6 महीने बाद की सुखद परिकल्पना करें।

अपने परिवार के सदस्यों को प्रेरित करने के लिए अपना लक्ष्य उन्हें भी बताएँ।

मोटापा दूर करने का मैं अपना अनुभव आपको बताता हूँ। अब मुझे यह एकदम आसान लगता है, लेकिन एक वर्ष पहले कोई मुझे यह बताता तो मैं अपना सिर किसी हथौड़े से ठोक लेता। मुझे विश्वास है, "आप ऐसा कदापि नहीं करेंगे।"

1. प्रातः उठने के बाद प्रार्थना करके अपना संकल्प पढ़ता हूँ।
2. स्मूथी से दिन का प्रारम्भ करता था।

स्मूथी बनाने की विधि- एक मुट्ठी खाने वाले हरे पत्ते-अमरूद, पालक, बथुआ, लाल साग आदि के पत्ते लें। इसमें आठ-दस करी और तुलसी के पत्ते मिला दें। एक फल काट लें। स्वाद के लिए काली मिर्च, काला नमक दालचीनी, हल्दी आदि के चूर्ण आवश्यकतानुसार मिला लें। इनको मिक्सी में थोड़े पानी के साथ लगभग तीन मिनट चला दें। आवश्यकतानुसार जल मिलाकर इसे थोड़ा पतला कर लें और स्वाद लेते हुए इसे पियें।

"Reverse Diabetes In 21 days" की लेखिका डॉ नंदिता शाह का कहना है कि यदि स्मूथी स्वादिष्ट नहीं बनी है तो यह सही तरीके से नहीं बनाई गई है।

68 किलो वजन हो जाने के बाद "फ्रीडम फ्रॉम डायबिटीज" के चिकित्सक ने मुझे स्मूथी बन्द करने की सलाह दी थी।

2. तत्पश्चात मैं 30 मिनट जौग-वाक करता था अर्थात यथाशक्ति दौड़ता था, फिर स्वास काफी तेज हो जाने पर तेजी से टहलता था, फिर स्वास सामान्य होने पर दौड़ता था। रात में खाने के डेढ़-पौने दो

घण्टे बाद 5 से 10 मिनट तक एक चौताल सीढ़ी चढ़ता-उतरता था या नाइट्रिक ऑक्साइड डंप करता था। अवकाश के दिनों में नास्ता तथा भोजन के डेढ़-पौने दो घण्टे बाद भी यह प्रक्रिया करता था।

3. मस्तिष्क को तेज बनाने के लिए बीस बार सुपर ब्रेन योग करता हूँ।

सुपर ब्रेन योग और नाइट्रिक ऑक्साइड डंप की विधि यूट्यूब पर उपलब्ध है।

4. अनाज, दाल, सब्जी और सलाद बराबर मात्रा में खाता हूँ। चाय, माँस, दूध, वसा आदि अल्प मात्रा में लेता हूँ। शाम में 15-20 भिगोए हुए चिनिया बादाम या 5-7 अन्य भिगोए सूखे फल लेता हूँ। रात का भोजन 9 बजे तक कर लेता हूँ। मुँह में दिन भर कुछ-कुछ डालने से बचता हूँ।

उपर्युक्त बातों से यह नहीं समझे कि आप अन्य खाद्य पदार्थों का आनन्द ही नहीं उठायें।

स्वविवेक से कभी-कभी उचित मात्रा में शेष खाद्य पदार्थों का भी आप आनंद उठा सकते हैं।

स्वेच्छा से स्वनियंत्रण में मजा आता है। मधुमेह आदि गम्भीर बीमारियाँ होने के बाद चिकित्सक द्वारा लगाया गया नियंत्रण बड़ा कष्टदायी होता है।

5. अनेक चिकित्सक मानते हैं कि हमारे शरीर में सामान्यतः विटामिन बी12 और विटामिन डी की कमी होती है। अतः स्वस्थ रहने तथा युवा दिखने के लिए FFD चिकित्सक डॉ प्रमोद त्रिपाठी की सलाह के अनुसार अन्य जाँचों के साथ मैंने विटामिन D और विटामिन 12 की भी जाँच कराई थी। दोनों विटामिन कम थे। अतः चिकित्सक की सलाहानुसार सुप्राडीन टैबलेट तथा अन्य सप्लीमेंट लिया करता था।

5. चमकदार त्वचा हेतु स्नान के पहले रुमाल आदि से त्वचा की सूखी मालिस करता हूँ। इसमें पांच मिनट लगते हैं।

6. तनाव में अक्सर लोग अधिक खाते हैं। अतः तनाव दूर करने के लिए निम्नलिखित कार्य करता हूँ।

i) प्रतिदिन 10 मिनट अनुलोम-विलोम करता हूँ। यात्रा आदि करते समय खाली बैठे रहने पर भी लम्बे डायफ्राम अल्फा श्वसन का प्रयास करता हूँ।

ii) दर्पण के सामने अपने-आप को चिढ़ाकर मौन हँसी हँसता हूँ। अपने साथियों को चुटकुले सुनाकर उन्हें भी हँसाता हूँ।

iii) दिन में जब भी स्वयं को तनाव वाले माहौल में पाता हूँ, गहरी साँसें लेकर मुँह से दो-तीन बार धीरे-धीरे छोड़ देता हूँ। यदि दर्पण मिल गया तो स्वयं की छवि को चिढ़ाकर हँसता हूँ।

iv) सोने के पहले पांच-सात बार डायफ्राम अल्फा ब्रेदिंग/उद्गीत प्राणायाम करता हूँ। फिर पांव के तलवों पर ध्यान करके "जाने दो, जाने दो, तनाव छोड़ो" बार-बार दोहराता हूँ। कब नींद आ गई, पता ही नहीं चलता है।

v) बिस्तर से उठने के बाद और सोने से पहले प्रार्थना करता हूँ।

7. दुबले होने का मतलब अवांछित चर्बी से छुटकारा पाना होता है। इस अवस्था की प्राप्ति के बाद मैं मसल्स बनाने के लिए एक दिन के अंतराल पर रेसिस्टेन्स व्यायाम करता हूँ तथा व्यायाम करने के 20 मिनट के अंदर एक स्कूप प्रोटीन पाउडर घोलकर पीता हूँ।

8. जीवन को रंगीन बनाए रखने के लिए मैं यदा-कदा चीट भोजन भी करता हूँ। विशेष अवसरों पर अपनी शारीरिक सक्रियता बढ़ाकर भोजन का अपनी पाचन-शक्ति के अनुसार आनंद उठाता हूँ। सप्ताह में एक दिन उचित मात्रा में मिठाइयों का आनंद लेता हूँ।प्रतिदिन

मैं उचित मात्रा में आलूबुखारा आदि सूखे मेवे भी खाता हूँ। वे मुझे काफी स्वादिष्ट लगते हैं।

"खाईये और वजन घटाइये" की लेखिका ऋजुता दिवेकर सलाह देती हैं:- ***"उम्र बढ़ने के साथ और अधिक चुस्त और स्वस्थ होने का लक्ष्य बनाइए।"***

अनावश्यक मोटापा, पेट का घेरा और तनाव कम करके स्वस्थ जीवन जीने के लिए उक्त विधियों को परखिए। आवश्यक प्रतीत हो तो योग्य चिकित्सक से राय लीजिए।

x+x+

उपसंहार

आप उपसंहार पढ़ रहे हैं। पूरी पुस्तक पढ़ने के लिए आपको कोटि-कोटि बधाई।

हमारी स्मरण-शक्ति अत्यंत कमजोर है। आवृत्ति स्मरण-शक्ति की माँ है।

पुस्तक में सीखी गयी अच्छी बातों को अपने अवचेतन में बैठा कर सकारात्मकता और सफलता की लहलहाती फसल पाने के लिए उन्हें बार-बार दोहराते रहिए।

पुस्तक अपने पास रखिए। खाली समय में इसे खोलकर अच्छी बातों को दोहराइए।

आप प्रबुद्ध पुरूष हैं और अनेक चीजों का अभ्यास पहले से ही करते होंगे। जो नई चीजें आप अपने अवचेतन में उतारना चाहते हैं, उन्हें विभिन्न रंगों में रेखांकित कर लीजिए ताकि पुस्तक खोलने के पश्चात आपका ध्यान उन्ही बिंदुओं पर जाए।

मेहंदी बांटने वालों के हाथ लाल हो जाते हैं। पुस्तक की अच्छी बातों की चर्चाएँ अपने इष्ट मित्रों से भी करें। आपका अवचेतन मन उन बातों को सुनकर आपके जीवन में उतार देगा।

पुस्तक का अधिक से अधिक लाभ उठाने के लिए एक दैनिक रूटीन बनाइए।

1. आँखें खुलते ही अपने इष्टदेव को हाथ जोड़कर जीवन में एक और अद्भुत दिन देने के लिए धन्यवाद दीजिये।
2. अपने जीवन-लक्ष्य से जुड़ी संकल्पनाएँ कुछ मिनटों में क्रमशः मस्तक और सीने पर हथेली रखकर पढ़ लीजिए।
3. नित्यकर्म से निवृत्त होकर एक अच्छी पुस्तक 5 मिनट से 20 मिनट तक समयानुसार पढ़िए।
4. धन्यवाद डायरी में एक व्यक्ति को कारण बताते हुए धन्यवाद लिखिए।
5. हल्के आसन/व्यायाम करके डायफ्राम श्वसन और प्राणायाम कीजिए।
6. दैनिक योजना बनाइए।

इसके बाद आप अपनी आवश्यकताओं के अनुसार दैनिक रूटीन में अन्य बातें जोड़ लीजिये।

रात में सोने के पहले-

1. आज के कार्यों की समीक्षा कीजिए।
2. कल के कार्यों की एक रूपरेखा बना लीजिए।
3. अपने लक्ष्य-प्राप्ति की विस्तृत कल्पना अधिकतम 5 मिनट तक कीजिए।
4. प्रभु की प्रार्थना करते हुए निद्रा देवी की गोद में जाइए।

कहावतें हैं-

1. अच्छा प्रारम्भ मतलब आधा काम पूरा।
2. अंत भला तो सब भला।

सुझाए गए रूटीन में प्रति सुबह एक-डेढ़ घन्टे और प्रति रात्रि 15-20 मिनट लग सकते हैं। लेकिन, दैनिक रूटीन आपके जीवन में अद्भुत परिवर्तन लाएगा।

समयाभाव वाले दिनों में उपर्युक्त रूटीन चन्द मिनटों/सेकेंडों के लिए ही समय अनुसार कर लें ताकि क्रमबद्धता बनी रहे।

सामान्यतया नई आदतें बनाने में तीन-चार सप्ताह समय लगता है। ये आदतें 66 से 100 दिनों के बीच आपके स्वभाव का हिस्सा बन जाती हैं। इस दौरान सहायता के इच्छुक व्यक्तियों को मैं प्रेरणा और उचित सुझाव वीडियो कॉल द्वारा देने के लिए समय दूँगा। इच्छुक व्यक्ति परस्पर तय अंतराल पर मेरी सेवा ले सकते हैं। मुझसे आप व्हाट्सएप नंबर 9431013500 पर सम्पर्क कर सकते हैं।

हाल एलरोड ने इस विषय से संबंधित एक उत्तम पुस्तक- "The Miracle Morning" लिखी है।

सहस्र शुभकामनाओं के साथ।

संकल्पनाओं के बारह मानसिक स्वीच

शब्द-चिकित्सा अध्याय में वर्णित विधि के अनुसार मैंने अपनी अंगुलियों के 12 निशानों पर निम्नलिखित संकल्पनाओं के मानसिक स्विच बनाएं हैं।

1. मैं निडर, निर्भीक और साहसी हूँ। मैं जोखिमों और चुनौतियों का विश्लेषण सतर्कता से करता हूँ और उनका प्रबंधन धैर्य तथा साहस के साथ करता हूँ।" जय श्रीराम, जय श्रीकृष्ण।

2. मैं चुस्त, स्वस्थ और स्मार्ट हूँ। मेरी जीवनी-शक्ति सशक्त है। धन्यवाद ईश्वर।

3. हे ईश्वर! आपने मुझे सुदृढ़ स्वास्थ्य दिया है; शानदार सफलताएँ दी हैं; अपार धन-सम्पदाएँ दी हैं; सुखद पारिवारिक जीवन दिया है। धन्यवाद प्रभु।

4. मैं सारे संसार के प्रति सकारात्मक भाव रखता हूँ क्योंकि नकारात्मकता धारक को ही हानि पहुंचाती है। मैं प्रफुल्लित हूँ। मैं मस्त हूँ और सबका भला चाहता हूँ।

5. मैं वर्तमान का आनन्दपूर्वक सदुपयोग करता हूँ।

6. मैं सारे कार्य शांत मन के साथ तेजी से करता हूँ।

7. मेरी शक्तिशाली आत्मा से सभी के लिए प्यार और आशीष निकलते हैं।

8. मैं अपने 20 प्रतिशत प्रयास से 80 प्रतिशत परिणाम पाता हूँ।

9. मैं वाकपटु, चतुर और मानवीय हूँ।

10. मैं प्रोएक्टिव हूँ।

11. मैं अपने विचारों और विश्वासों की उपयोगिता और प्रासंगिकता की जाँच करता रहता हूँ।

12. मेरा सशक्त अवचेतन मन भविष्य की घटनाओं को भाँपकर उचित कदम उठाता रहता है।

13. नोट:- आप अपनी अंगुलियों में 28 निशान तक खोज सकते हैं।

जिस तरह समुद्र से जल लेने के लिए आप कागज की बालटी नहीं बल्कि प्लास्टिक की बाल्टी ले जाते हैं। उसी तरह ईश्वर और उनके दूत अवचेतन से विपुल शांति, खुशी, स्वास्थ्य और सम्पदा पाने के लिए विश्वास और प्रयास की बालटी ले जाएँ। परम-पिता आपकी आकांक्षाएं आपके विश्वास और प्रयास के अनुपात में पूरी करते हैं।

यदि यह पुस्तक आपको अच्छी लगी तो

1. इसके बारे में अपने मित्रों को बताइये।
2. अपने <u>फेसबुक, ट्विटर, व्हाट्सएप</u>, आदि पर इसके बारे में चर्चा कीजिये।
3. <u>goodreads</u> तथा <u>amazon</u> पर इसे रिव्यु कीजिए।

इसकी उपयोगिता अधिक से अधिक लोगों तक फैलाने में हमारी मदद कीजिए ताकि हमारे अधिक से अधिक साथी सुखी और स्वस्थ जीवन जी सकें।

इस पुस्तक से प्राप्त लाभ का एक अंश हम कल्याणकारी कार्यों में खर्च करेंगे।

यह नेक कार्य करने के लिए आपका कोटि-कोटि धन्यवाद।

नमन, वंदन और अभिनन्दन

मैं अपने जिन मित्रों, सहकर्मियों एवं स्वजनों-परिजनों के निःस्वार्थ सहयोग से इस पुस्तक को आप अभिज्ञ पाठकों के बीच प्रस्तुत कर रहा हूँ, उनके प्रति आभार रूपी दुर्वाक्षत के शब्द-पुष्प को उनके पद पाथोज पर समर्पित करना अपना पावन कर्तव्य समझता हूँ।

इस माला के प्रथम पुष्प के रूप में उदय नारायण सिंह, वरिष्ठ कवि, साहित्यकार संप्रति प्रधानमंत्री जिला हिंदी साहित्य सम्मेलन, मुज़फ़्फ़रपुर, बिहार का नाम मेरे मानस-पटल पर उभरता है। उन्होंने इस पुस्तक की काया को सजाने-सवांरने में मुझे अपने अपार अनुभव और अथाह ज्ञान से मुझे जितना मार्गनिर्देशित किया है, वह मेरे लिए आकाश-कुसुम तोड़ने जैसा है। मैं उनकी सदाशयता, महनीयता एवं पांडित्य से अभिभूत हूँ। उनके लिए आभार नहीं बल्कि उनका अंतस से नमन, वंदन और अभिनन्दन है।

वयोवृद्ध-ज्ञानवृद्ध साहित्यकार चितरंजन सिन्हा 'कनक' एवं डॉक्टर शारदा चरण की सदाशयता के कारण ही यह पुस्तक आज आपके समक्ष उन्नत रूप में प्रस्तुत है। मैं इन दोनों ज्ञानवृद्ध जनों के पाद-पद्मों में अपना शत-शत नमन वंदन और अभिनन्दन समर्पित करता हूँ।

मेरे मित्रों में सतीश कुमार साथी, राम बाबू प्रसाद, राजेश कुगार, मनीष कुमार ठाकुर, गिरीश चंद्र झा ने इस पुस्तक के लेखन में हमें अपने सुझावों से उपकृत किया है। सूची में वर्णित अंतिम तीन मित्रों ने पांडुलिपि में वर्णित विधियों से स्वास्थ्य-लाभ कर हमें ऊर्जस्वित किया है।

इस पुनीत कार्य में, मेरी धर्मपत्नी पुनीता, मेरे दोनों पुत्रों अद्वितीय, गौरव एवं मेरी वधू शिखा, हर पल मेरा उत्साह बढ़ाती रही हैं। इन सबों को मैं अपने अंतस से ढेर सारे आशीष और प्यार देता हूँ।

फोटोनिका स्टूडियो के फोटोग्राफर अनिल कुमार और मेरे कोच सोम बाठला ने उत्कृष्ट व्यावसायिक सेवा और सुझाव दिए।

संजीव कुमार, डॉ सुधांशु कुमार, राजीव रंजन, रंजन कुमार, मेरे अनेक फ़ेसबुक मित्र तथा आदरणीय सोम बाठला के 'पब्लिथोन' और 'रॉयल' ग्रुप के अनेक लेखक साथियों ने इस पुस्तक के कलेवर को मनोरम, मनोहर एवं उपयोगी बनाने में जितना श्रम किया है, उन्हें बिना आभार समर्पित किए पुस्तक की पूर्णता नहीं मानी जा सकती। मैं इन सभी मित्रों को बहुशः आभार निवेदित करता हूँ।

मेरी पूजनीया चाची गुरुप्यारी देवी ने बचपन में मुझे अपने पुस्तकालय की सारी पुस्तकें पढ़ने की अनुमति दी। इनके युगल चरण-कमलों में अपना सश्रद्ध प्रणाम समर्पित करता हूँ।

अब मैं अपनी माता पूजनीया मीरा देवी, पिता श्रद्धेय उमेश प्रसाद एवं परम् पिता परमेश्वर के प्रति सादर श्रद्धानत होकर उनके पाद-पद्मों में अपना नमन, वन्दन और अभिनन्दन समर्पित करता हूँ; क्योंकि उनके लालन-पालन, कृपा-प्रसाद और आशीर्वाद से ही मैं इस पुस्तक को आप लोगों के समक्ष प्रस्तुत करने में सफल हुआ हूँ। पुस्तक का पेपर बैक संस्करण प्रकाशित करने के लिये नोशन प्रेस और उनके स्टाफ सदस्यों का आभार प्रकट करता हूँ।

ॐ शम्

विनयावनत
उत्तम कुमार(उत्तम सुशांत)
बैंकर्स कॉलोनी, मिठनपुरा,
मुजफ्फरपुर, बिहार।

लेखक परिचय

लेखक का जन्म 22 जून 1961 को मुज़फ़्फ़रपुर में हुआ था। लेखक बचपन से ही प्रतिबद्ध पाठक हैं। मिडिल स्कूल में पढ़ते समय वे अपनी प्रधानाध्यापिका चाची के छोटे पुस्तकालय की सारी पुस्तकें पढ़ गए थे। लेखक ने मनोविज्ञान, लोकव्यवहार, स्व विकास, व्यायाम आदि पर सौ से ज्यादा पुस्तकें पढ़ी हैं। उनके ब्लॉगwww. truedreams19000.blogspot.com पर उनके लगभग 200 लेख हैं। ये 'उत्तम कुमार' और 'उत्तम सुशांत' दोनों नामों से जाने जाते हैं।

लेखक ने योग, मानसिक शांति और स्वास्थ्य से संबंधित अनेक कार्यक्रमों में भाग लिया है, जिसमें मुंगेर योग आश्रम का योग कार्यक्रम, श्री रविशंकर द्वारा सिखाई गई सुदर्शन क्रिया एवम "फ्रीडम

फ्रॉम डायबिटीज़" का मधुमेह मुक्ति कार्यक्रम प्रमुख हैं। लेखक ने उडेमी विश्वविद्यालय से फिटनेस पर भी कोर्स किया है।

लेखक द्वारा हाल में किए गए फेसबुक लाइव को लोगों ने काफी सराहा है। पुस्तक में दी गई बातों को अपनाकर लेखक नज़दीकी चश्मे से मुक्त हो चुके हैं और उच्च रक्तचाप, मधुमेह सहित अनेक बीमारियों का शमन कर चुके हैं। वे तनाव-मुक्ति आदि पर सलाह और प्रेरणा भी देते हैं। अनेक लोग इससे लाभ उठा चुके हैं। अनेक लाभार्थियों ने पुस्तक में अपने अनुभव भी साझा किए हैं।

लेखक सामाजिक कार्यों में भी सक्रियता से भाग लेते हैं।

संदर्भ पुस्तकें

नाम (लेखक का नाम)

1. Born To Win (Muriel James & Dorothy Jongeward)
2. The Things You Can See Only When You Slow Down (Haenim Sunim)
3. आपके अवचेतन मन की शक्ति (जोसेफ मरफी)
4. Unlimited Power (Tony Robbins)
5. बड़ी सोच का बड़ा जादू (डेविड श्वार्ट्ज)
6. हाउ टु स्टॉप वोरिइंग एंड स्टार्ट लिविंग (डेल कार्नेगी)
7. यू कैन हील योर लाइफ (लुइस.एल.हे.)
8. बेबीलोन का सबसे अमीर आदमी (जॉर्ज एस.क्लासन)
9. सीक्रेट्स ऑफ़ द मिलिनेयर माइन्ड (टी हार्व एकर)
10. रिच डैड, पुअर डैड (रॉबर्ट टी. कियोसाकी)
11. Eat That Frog (Brian Tracy)
12. अति प्रभावकारी लोगों की सात आदतें (स्टीफन.आर.कवि)
13. अद्भुत कल्पनाशक्ति (शक्ति ग्वेन)
14. Reverse Diabetes In 21 days (Dr. Nandita Sah)
15. खाईये और वजन घटाइये (ऋजुता दिवेकर)
16. The Miracle Morning (Hal Elrod)